MOTIVATION BOOK

1 MOIS pour réduire la viande

INFORMATIONS IMPORTANTES :

Ce livre s'adresse aux adultes en bonne santé désireux de réduire ou arrêter la viande.

Ce livre ne s'adresse pas aux enfants, aux adolescents, aux femmes enceintes ou allaitantes ou encore aux personnes atteintes de pathologies – situations qui peuvent entraîner des besoins spécifiques en énergie, macronutriments, vitamines et/ou minéraux qui ne seront pas détaillés dans cet ouvrage.

Si vous souhaitez aller plus loin dans votre démarche ou si vous avez besoin de conseils adaptés à votre état de santé, n'hésitez pas à consulter un professionnel de la santé spécialisé en nutrition végétale.

MOTIVATION BOOK

Nathalie Majcher

1 MOIS pour réduire la viande

LA MAISON
hachette

À tous ceux qui souhaitent faire un pas vers une alimentation plus respectueuse de leur santé, de notre planète ou encore du bien-être animal.

À tous les professionnels de la santé et de la nutrition qui œuvrent à montrer que d'autres choix sont possibles.

Un grand merci à l'équipe Hachette Pratique d'avoir porté ce projet à mes côtés.

Nathalie

Le petit mot de l'auteure

Mon expérience avec le végétarisme a commencé tout à fait malgré moi. Un jour, mon chéri a eu une révélation : « Chérie, je ne veux plus qu'on cuisine de viande à la maison ! » Commence alors une vraie remise en question.

Enfant, j'ai toujours été difficile en matière de consommation de viande. Plus tard, mes études de diététicienne ont contribué à ancrer davantage encore cette image de la viande comme élément capital de notre santé : un Français moyen consomme 11 repas à base de viande par semaine, soit environ 86 kg par an[1] !
Au-delà de sa portée symbolique, la viande fait partie de notre héritage gastronomique et culturel. Elle affiche une place de choix au niveau économique : l'industrie de la viande est ainsi la première industrie agroalimentaire en France avec un chiffre d'affaires de plus de 30 milliards d'euros par an. Enfin, la viande est très ancrée dans les recommandations officielles françaises. Rien d'étonnant à ce la peur des carences s'installe lorsqu'on envisage de réduire sa consommation, ou de s'en passer complètement !

Pourtant, les arguments en faveur d'une assiette végétale sont nombreux. De plus en plus d'études en montrent les bienfaits. De nombreuses institutions mondiales ont admis depuis plusieurs années déjà qu'une alimentation végétale est viable chez l'adulte, à condition de mettre en place de nouveaux réflexes alimentaires pour garantir la couverture de tous les nutriments[2].

Après avoir mené mon enquête, j'ai le plaisir de partager avec vous le fruit de mes recherches. Vous trouverez dans ce livre **les principes de base pour remplacer la viande et équilibrer votre assiette sans carence**. Nous commencerons par une partie théorique afin de poser les bases. Nous verrons ensuite comment effectuer une transition douce pour votre système digestif. L'avant-dernière partie sera dédiée à la cuisine. Enfin, je vous dévoilerai mes clés pour équilibrer votre assiette sans risque de carence.

Quel que soit votre objectif, que ce soit pour 1 mois ou pour toujours, j'espère que vous prendrez du plaisir à réaliser ces 28 défis sans viande !

N'hésitez pas à partager votre expérience, vos progrès et à vous motiver mutuellement sur les réseaux sociaux avec le hashtag #1moispourreduirelaviande !

Bonne lecture et à bientôt,

Nathalie Majcher
Auteure de cet ouvrage
Diététicienne-nutritionniste & créatrice du blog DocteurBonneBouffe.com

---

1. AGRESTE, « La consommation de viande en France en 2019 », disponible sur : https://www.franceagrimer.fr/fam/content/download/64687/document/NCO-VIA-Consommation%20de%20viandes%20en%20France-2019.pdf.
2. W. J. Craig, A. R. Mangels, « American Dietetic Association. Position of the American Dietetic Association : vegetarian diets », J Am Diet Assoc. 2009 Jul; 109(7):1266-82. doi : 10.1016/j.jada.2009.05.027. PMID : 19562864.

Sommaire

Phase de préparation

SEMAINE 1 : ACQUÉRIR LES BASES POUR RÉDUIRE LA VIANDE

SEMAINE 2 : PRÉPARER LA TRANSITION

SEMAINE 3 : APPRENDRE À SE RÉGALER SANS VIANDE

SEMAINE 4 : ÉQUILIBRER SON ASSIETTE SUR LE LONG TERME

Mode d'emploi

Félicitations, vous voilà prêt(e) à appliquer vos bonnes résolutions : apprendre à remplacer la viande et à manger plus sainement au quotidien ! Un long chemin vous attend d'ici là, mais avant de commencer, voici quelques conseils pour vous préparer et mener correctement les 28 défis qui vont suivre.

MÉTHODE

Ce livre n'est pas comme les autres : c'est un programme articulé autour d'exercices, de jeux, de quiz et de recettes. Chaque jour, je vous propose un défi pour diminuer votre consommation de viande. Bien sûr, rien ne vous empêche de lire le livre d'une traite, mais pour bien assimiler chaque information et surtout prendre le temps de mettre en place le changement au sein de votre alimentation, je vous recommande d'étudier un sujet à la fois.

QUELQUES CONSEILS AVANT DE DÉMARRER :

#1 Trouver votre partenaire de défi
Rien de mieux qu'un(e) partenaire pour se motiver mutuellement tout au long des 4 semaines et s'épauler en cas de baisse de moral ! Parlez du défi à votre entourage, vous trouverez certainement un(e) ami(e) enthousiaste à l'idée de réduire la viande avec vous !

#2 Trouver votre rythme
Certains défis vous sembleront faciles, d'autres moins, n'hésitez donc pas à adapter le rythme selon votre niveau de difficulté. Vous pouvez faire un défi par jour ou, à l'inverse, accorder plus de temps à un défi difficile. Si une thématique vous semble trop dure, revenez-y plus tard. Prenez le temps qu'il vous faut et n'oubliez pas : « Rome ne s'est pas construite en un jour », c'est pareil pour vos nouvelles habitudes alimentaires !
Par ailleurs, il est possible que certains défis soient déjà acquis, vous pouvez alors passer au suivant. Dans tous les cas, l'idée n'est pas de réussir un maximum de défis… mais plutôt d'apprendre à mieux réduire la viande.

#3 Faire participer votre entourage
Rien de plus énervant que lorsque quelqu'un vous propose un « steak frites » en plein programme ! Pour cette raison, n'hésitez pas à parler de votre défi à votre entourage. Cela peut être particulièrement important si vous ne vivez pas seul. Si vous avez un conjoint, prévenez-le et n'hésitez pas à l'impliquer dans les défis. Ce sera peut-être l'occasion de revoir votre alimentation… ensemble !

#4 Partager vos résultats
Parlez de votre progression à votre entourage. Vous pouvez également vous servir des réseaux sociaux pour montrer vos progrès et partager vos doutes au fil de vos journées. D'ailleurs, n'hésitez pas à utiliser le hashtag #1moispourreduirelaviande et à m'envoyer vos progressions sur le compte Instagram @drbonnebouffe !

#5 Se féliciter à chaque petit succès
Enfin, dernière chose à faire systématiquement : vous féliciter à chaque étape franchie !

Phase de préparation

Lexique

Afin d'attaquer le programme en s'assurant que nous partageons la même vision des choses, il me faut présenter les différents régimes alimentaires limitant ou supprimant les produits d'origine animale. Il existe différentes catégories d'alimentation, et chacune a des répercussions différentes sur les apports nutritionnels.

Végétarien : individu qui ne mange pas de chair animale (ni viande, ni animaux marins, ni œufs).
Végétalien : individu qui exclut, en plus de la chair animale, les sous-produits des animaux, à savoir les produits laitiers ou encore le miel.
Végan : individu qui ne consomme de produits d'origine animale ni dans son alimentation ni dans sa vie quotidienne : pas de miel, de vêtements ou chaussures en cuir ou fourrure animale, pas de visite au zoo ou dans les cirques.
Flexitarien (appelé aussi semi-végétarien) : individu qui limite sa consommation de viande et/ou de poisson et/ou d'œufs et/ou de produits laitiers.

Tableau de comparaison des différentes formes d'alimentation végétale

Régime alimentaire	Viande	Poissons	Fruits de mer	Œufs	Laits et produits laitiers	Mode de vie (vêtements, produits de beauté, etc.)
Végétarien ou lacto-ovo-végétarien	-	-	-	+	+	+
Lactovégétarien	-	-	-	-	+	+
Ovovégétarien	-	-	-	+	-	+
Pescovégétarien	-	+	+	-	-	+
Semi-végétarien (flexitarien)	occasionnellement	occasionnellement	occasionnellement	occasionnellement	occasionnellement	+
Végétalien	-	-	-	-	-	+
Végan	-	-	-	-	-	-

Source : « Phillips 2004 »

Légende :
+ produits consommés
- produits éliminés

Réduire la viande, pourquoi ?

Il existe diverses raisons de réduire sa consommation de viande. Si l'objectif de ce livre n'est pas de vous convaincre (j'imagine que vous l'êtes déjà !), voici tout de même un rappel des divers arguments en faveur d'une alimentation plus riche en végétaux.

UNE CONSOMMATION DE VIANDE CROISSANTE À L'ÉCHELLE DU MONDE

- Un Français moyen consomme en moyenne 86 kg de viande par an : c'est 2 fois plus que nos grands-parents et 3 fois plus que nos arrière-grands-parents.
- Chaque année, 323 millions de tonnes de viande sont consommées dans le monde (contre à peine 67 millions en 1957, soit 5 fois plus)[1].
- À l'heure actuelle, la consommation moyenne de viande stagne dans les pays développés, mais est en plein essor dans les pays en développement. Les principaux continents consommateurs de viande et de produits carnés sont l'Asie (46 % de la consommation mondiale), l'Europe (20 %) et l'Amérique du Nord (14 %).

DES ÉLEVAGES DE PLUS EN PLUS INTENSIFS

Parallèlement, les élevages se font de plus en plus intensifs pour répondre à la demande croissante de la population :

- Plus de 90 % de la viande consommée en Europe provient d'élevages hors-sol, c'est-à-dire en bâtiments dans lesquels les animaux sont maintenus à l'intérieur et nourris avec des aliments qu'on leur apporte sur place.
- On dénombre de plus en plus d'élevages à très grande échelle. Le nombre d'animaux par élevage a ainsi explosé ces dernières décennies : à titre d'exemple, aux États-Unis, le nombre de porcs vendus en moyenne par ferme est passé de 945 par an à 8 400 en à peine vingt ans !

1. OCDE/FAO, *OECD-FAO Agricultural Outlook 2020-2029*, Éditions OCDE, Paris/FAO, Rome, 2020.

À CHACUN SA RAISON

#1 Réduire la viande pour le bien-être animal

- À l'échelle mondiale, la consommation de viande engendre l'abattage de 65 milliards d'animaux par an[1].
- Depuis l'industrialisation des élevages, les animaux sont élevés dans des conditions exiguës, sans accès à l'extérieur, où la productivité est souvent le seul mot d'ordre. En France, 83 % des 800 millions de poulets et 97 % des 135 millions de dindes sont ainsi élevés sans lumière du jour[2] ; 95 % des 25 millions de cochons passent leur vie sur caillebotis, c'est-à-dire en bâtiment.
- L'élevage intensif entraîne une accumulation des animaux au mètre carré qui favorise le développement de maladies. Afin de contrer ce problème, les éleveurs ont recours à l'utilisation massive d'antibiotiques pour traiter, mais aussi prévenir et contrôler les flambées de maladies dans la filière.
- Par ailleurs, les animaux sont soumis quotidiennement à un stress intense. Environ 20 % des animaux meurent bien avant leur abattage, du fait de conditions de vie inappropriées[3].

#2 Réduire la viande pour l'environnement

L'élevage intensif de la viande joue un rôle dans le réchauffement climatique, la dégradation des écosystèmes, la déforestation ou encore la pollution des eaux et des terres.

Viande et réchauffement climatique

- Pour produire 1 kg de bœuf, il faut 15 500 litres d'eau, soit l'équivalent d'une petite piscine !
- L'industrie du bétail produit plus de gaz à effet de serre que toute l'industrie du transport.
- La digestion des ruminants et les engrais utilisés pour les cultures à destination des bêtes sont la principale cause d'émissions de méthane et de protoxyde d'azote, deux gaz qui contribuent au réchauffement climatique.
- On estime que l'élevage serait responsable à 51 % du changement climatique dû à l'humain.

Viande et déforestation

- Afin d'engraisser les animaux, on les nourrit avec des céréales, du soja ou du maïs. Ainsi, pour produire 1 kg de viande, il faut entre 7 et 12 kg de céréales.
- Chaque année, des millions d'hectares sont déboisés pour laisser place à des pâturages destinés à nourrir le bétail. On estime ainsi que l'agriculture est responsable de 70 % de la déforestation mondiale.

Viande et pollution de l'environnement

- Les élevages industriels engendrent une pollution des eaux en nitrates et en phosphore issus de l'épandage du fumier et du lisier.
- Les rejets de pesticides et d'engrais contaminent également les terres.

1. FAO, « Nombre d'animaux tués pour fournir de la viande dans le monde », Planetoscope.com, 2014.
2. Chiffres ITAVI 2016 et AGRESTE 2010.
3. Source : viande.info

Viande et famine

• Pour nourrir un végétalien pendant un an, il faut 690 m² de terre. Pour nourrir un végétarien, il en faudrait 3 fois plus, et pour un omnivore, 18 fois plus.

• Alors qu'un milliard de gens meurent de faim dans le monde, les experts estiment qu'on pourrait nourrir tous les êtres humains de la planète rien qu'en transformant la nourriture qu'on donne aux animaux en nourriture pour les humains.

#3 Réduire la viande pour sa santé

On sait depuis longtemps que certains types de viande sont à limiter, car ils favorisent le risque de cancer (viande rouge ou transformée, charcuteries, etc.). Ces viandes ont été classées « cancérogènes » et « probablement cancérogènes » par le Centre international de recherche sur le cancer, au même titre que l'alcool, le tabac ou encore l'amiante.

Mais de plus en plus d'études montrent également l'importance de veiller à sa consommation globale de viande. Si elle contient des nutriments essentiels (protéines, fer, zinc, vitamine B12), c'est aussi une source de graisses saturées, de cholestérol et de composés qui favorisent l'inflammation et acidifient l'organisme. Une étude réalisée en 2019 a montré un lien entre consommation de viande et mortalité accrue : plus notre alimentation est riche en protéines animales, plus le risque de décès serait élevé, et ce, quel que soit le type de viande consommée[1]. Les nutriments qui soulèvent des controverses sont les suivants :

• La viande et les protéines animales sont une source d'**acides gras « saturés »**. On les appelle ainsi car leur composition les rend difficiles à casser : de ce fait, ils ont tendance à être stockés dans l'organisme. Par ailleurs, leur consommation excessive est incriminée dans l'apparition de maladies cardiovasculaires.

• Les grands consommateurs de viande sont exposés au **risque d'excès de fer**, qui est associé à un risque plus élevé de cancers, de diabète de type 2 ou encore de maladies cardiovasculaires[2].

• Les viandes sont riches en fer, en leucine et en acide arachidonique, trois **composés qui favorisent l'inflammation** et augmentent le risque de développer de nombreuses maladies chroniques.

• Les protéines animales sont une **source de cholestérol** qui, en cas d'inflammation, favorise l'apparition d'athérosclérose : des dépôts de graisses sur les parois des artères qui entraînent la formation de caillots sanguins pouvant empêcher le sang de passer.

• Les viandes transformées contiennent de **grandes quantités de sel**, utilisé comme conservateur et exhausteur de goût. L'excès de sel favorise l'hypertension artérielle et les maladies cardiovasculaires.

• Comme nous l'avons vu, les animaux ne sont plus élevés de la même manière qu'avant. Le développement des élevages intensifs et le recours massif aux antibiotiques, aux hormones et aux céréales transgéniques représentent une menace pour notre santé.

• L'**usage des antibiotiques** dans la filière viande est connu. Selon l'Institut de veille sanitaire, 50 % des antibiotiques produits dans le monde sont destinés aux animaux. La FAO estime que cet usage « massif et inapproprié » d'antibiotiques favorise le développement de bactéries antibiorésistantes à l'origine de près de 10 millions de morts dans le monde d'ici 2050[3].

---

1. H. E. K. Virtanen et al., « Dietary proteins and protein sources and risk of death: the Kuopio Ischaemic Heart Disease Risk Factor Study », *The American Journal of Clinical Nutrition*, vol. 109, Issue 5, May 2019, p. 1462–1471.
2. J. Hooda et al. « Heme, an essential nutrient from dietary proteins, critically impacts diverse physiological and pathological processes », *Nutrients* vol. 6,3 1080-102. 13 Mar. 2014. doi : 10.3390/nu6031080
3. OCDE/FAO, *OECD-FAO Agricultural Outlook 2020-2029*, Éditions OCDE, Paris/FAO, Rome, 2020.

- Selon le collectif Consommateurs mais pas cobayes, jusqu'à 90 % du bétail élevé en France pourrait avoir été nourri avec des **céréales issues de cultures transgéniques**, qui soulèvent de nombreuses inquiétudes quant à leur impact sur la biodiversité ou leur teneur en résidus d'herbicides qui finissent dans nos assiettes.
- Plusieurs études révèlent que la viande et ses dérivés sont notre principale source alimentaire de **contamination aux pesticides**[1]. Cette exposition chronique pose des risques en termes de santé du fait de leurs possibles effets cancérogènes ou neurotoxiques[2].

LES AVANTAGES D'UNE ALIMENTATION PLUS VÉGÉTALE

Manger moins de viande entraîne un double effet santé : en premier lieu, on réduit son impact nocif, et en second lieu, on dégage plus de place dans notre assiette pour les végétaux et leurs nombreux atouts ! Les personnes végétariennes ont un apport moindre en calories, en graisses saturées, en cholestérol et en sodium. Parallèlement, elles ont une alimentation plus riche en fibres, en magnésium, en potassium, en vitamines C et E, en folates, en caroténoïdes, en polyphénols et divers antioxydants[3] – d'où l'**effet protecteur de ce type d'alimentation sur notre santé**.

Selon les études, l'alimentation végétarienne :

- réduit le risque de constipation et d'hémorroïdes, de surpoids et d'obésité, de maladies cardiovasculaires, de certains cancers et de diabète de type 2 ;
- réduit la mortalité, toutes causes confondues ;
- améliore les paramètres sanguins (cholestérol, triglycérides, glycémie...) et la tension artérielle.

1. L. D. Boada et al., « Consumption of foods of animal origin as determinant of contamination by organochlorine pesticides and polychlorobiphenyls : results from a population-based study in Spain », *Chemosphere* 2014 Nov ; 114:121-8. doi : 10.1016/j.chemosphere.2014.03.126. Epub 2014 May 13. PMID : 25113192.
2. V. S. Jadhav, « Public Health Implications of Pesticide Residues in Meat », *Veterinary World* 4, 2011, 10.5455/vetworld.2011.178-182.
3. L. Baroni, « Vegetarianism in Food-Based Dietary Guidelines », *International Journal of Nutrition*, 2015, 1(2):48-73.

Quiz : Quel mangeur de viande êtes-vous ?

Répondez à ces quelques questions, puis consultez les résultats pour découvrir quel mangeur de viande vous êtes.

1/ Quand vous étiez enfant :
- ☐ **A.** Vous aimiez déjà le tofu !
- ☐ **B.** Vous traquiez le moindre petit morceau de viande caché dans votre assiette.
- ☐ **C.** Vous mangiez de tout, au plus grand bonheur de vos parents !
- ☐ **D.** Vous finissiez déjà la couenne du jambon de vos camarades de classe.

2/ Votre petit déjeuner préféré est composé de :
- ☐ **A.** Tartines d'avocat au houmous.
- ☐ **B.** Muesli ou porridge.
- ☐ **C.** Baguette au beurre, un classique !
- ☐ **D.** Omelette-jambon-bacon, la base !

3/ Pour vous, la meilleure sauce au monde, c'est :
- ☐ **A.** La sauce au beurre de cacahuète.
- ☐ **B.** La sauce tomate.
- ☐ **C.** La sauce bolognaise.
- ☐ **D.** La sauce au vin.

4/ Un ami vous emmène dans un restaurant végétarien.
- ☐ **A.** Chouette ! Vous adorez ça et vous connaissez déjà tous les plats de la carte.
- ☐ **B.** C'est nouveau pour vous, mais vous êtes prêt(e) à essayer de nouvelles choses.
- ☐ **C.** Vous vous sentez un peu perdu(e) face à tous ces noms chelou sur la carte...
- ☐ **D.** Vous râlez car il n'y a pas de viande sur la carte et vous demandez à changer de resto !

5/ C'est l'été ! Vos amis vous invitent à un barbecue.
- ☐ **A.** Génial ! Vous allez pouvoir faire tester votre nouvelle recette de brochettes de tofu au barbecue.
- ☐ **B.** Pas le choix, vous ferez de votre mieux pour trouver des alternatives veggie...
- ☐ **C.** Ooops... vous demandez à vos amis s'il y aura des alternatives sans viande ou alors vous refusez d'y aller.
- ☐ **D.** Vous salivez déjà à l'idée de manger une bonne côte de bœuf au barbecue. Tant pis pour vos bonnes résolutions, un barbecue sans viande c'est comme un hamburger sans frites !

6/ À l'apéro, c'est...
- ☐ **A.** ... jamais sans du houmous !
- ☐ **B.** ... jamais sans quelques légumes !
- ☐ **C.** ... jamais sans le saucisson !
- ☐ **D.** ... jamais sans la méga-planche de charcuterie !

7/ Si vous aviez un chien, comment l'appelleriez-vous ?
- ☐ **A.** Tofu
- ☐ **B.** Groseille
- ☐ **C.** Bounty
- ☐ **D.** Nuggets

8/ Votre cuisine...

- ☐ **A.** ... ressemble à une caverne d'Ali Baba. Vous avez toujours tout ce qu'il faut : des légumineuses aux graines de lin!
- ☐ **B.** Vous avez toujours l'indispensable – histoire de concocter un bon petit plat rapidement.
- ☐ **C.** Vous avez des spaghettis, des penne, des coquillettes, des farfalle, des linguine...
- ☐ **D.** Au vu de vos stocks de viande, vous savez que vous n'êtes pas près d'être végan!

9/ Si vous échouiez sur une île déserte, comment vous nourririez-vous?

- ☐ **A.** De racines et de plantes comestibles, comme dans votre documentaire préféré.
- ☐ **B.** Vous mangeriez des bananes et des noix de coco comme les singes.
- ☐ **C.** Tel un MacGyver, vous vous fabriqueriez une lance pour pêcher le poisson.
- ☐ **D.** Grâce à votre instinct animal, vous traqueriez et bondiriez sur la moindre proie vivante sur votre chemin.

10/ Vous passez à côté de la boucherie de votre quartier :

- ☐ **A.** Impossible. Vous faites toujours exprès de prendre la rue d'à côté pour ne pas passer devant!
- ☐ **B.** Vous passez devant, mais vous n'y rentrerez pas avant Noël.
- ☐ **C.** Vous passez devant avec indifférence, de toute manière vous avez ce qu'il faut dans le frigo.
- ☐ **D.** Vous passez à peine devant la boucherie que le patron de la boucherie vous reconnaît et s'écrie : «Une côte d'agneau, comme d'hab?»

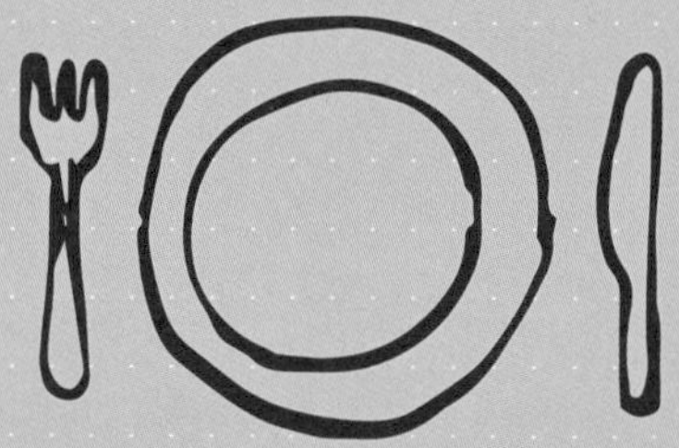

RÉSULTATS

Vous avez une majorité de réponses A : Vous avez déjà mis un pied dans le végétarisme et vous vous y sentez comme un poisson dans l'eau! La preuve : vous avez apprivoisé certaines protéines végétales dans votre assiette et vous avez déjà certains bons réflexes. Attention néanmoins aux petites erreurs diététiques qui pourraient se glisser par-ci par-là. Quelques conseils sont de rigueur pour mettre à jour vos connaissances et perfectionner votre équilibre alimentaire. Ça tombe bien, ce livre peut vous y aider!

Vous avez une majorité de réponses B : Vous êtes parfaitement conscient(e) de l'importance de réduire les protéines animales et vous n'hésitez pas à sortir de votre zone de confort pour essayer de nouvelles choses. Vous manquez néanmoins de quelques connaissances diététiques pour équilibrer votre assiette. Mais pas de panique, ce livre est là pour vous guider dans votre nouvel équilibre alimentaire. Vous êtes sur la bonne voie!

Vous avez une majorité de réponses C : Ouvert(e) d'esprit, vous êtes conscient(e) de l'importance de réduire la viande, mais vous ne savez pas trop comment vous y prendre ni par quoi commencer. Bonne nouvelle, ce livre va vous aider à reprendre toutes les bases une par une et à changer la donne progressivement. Avec votre volonté, tout est possible!

Vous avez une majorité de réponses D : Bon vivant, vous aimez la viande sous toutes ses formes! À tel point que cette dernière est présente systématiquement dans votre assiette, parfois même sans que vous ne vous en rendiez compte... Réduire la viande? Vous êtes sceptique mais votre curiosité est un atout. Peut-être que ce livre réveillera le/la *veggie* qui est en vous!

Mes objectifs

Avant d'attaquer le programme, faisons le point sur votre état physique et vos objectifs ! Pour cela, répondez à ces quelques questions le plus précisément possible. Vous pourrez comparer vos réponses avec celles du bilan de fin de programme et ainsi évaluer l'efficacité de celui-ci sur vos objectifs initiaux.

MA FRÉQUENCE DE CONSOMMATION DE VIANDE ACTUELLE :

	Jamais	Rarement	Une à deux fois par mois ou moins	Une à deux fois par semaine	Une fois par jour	À chaque repas (2 fois par jour ou plus)
Viande rouge (bœuf, veau, porc, agneau, mouton, cheval, chèvre...)						
Charcuterie (jambon, saucisson, saucisse...)						
Autres viandes transformées (nuggets, cordon-bleu...)						
Viande blanche (dinde, poulet, lapin...)						

MES OBJECTIFS :

D'une couleur différente, cochez à présent dans le tableau votre objectif de consommation par type de viande.

LES BÉNÉFICES QUE J'AIMERAIS TIRER DE CE PROGRAMME :

- ☐ Être en meilleure santé
- ☐ Limiter la souffrance animale
- ☐ Préserver la planète
- ☐ Améliorer ma digestion
- ☐ Perdre du poids :
  - Indiquez ici votre poids au démarrage : .... kg
  - et/ou vos mensurations :
    - – Poitrine : .... cm
    - – Taille : .... cm
    - – Hanches : .... cm
- ☐ Améliorer mon bilan sanguin (glycémie, cholestérol, triglycérides, tension...)
- ☐ Être moins souvent malade
- ☐ Préserver ma santé sur le long terme
- ☐ Autre : ....

Mon plan d'action

S'il est difficile d'arrêter la viande du jour au lendemain, il vaut mieux y aller progressivement. En effet, même s'il n'y a pas de contre-indications physiologiques, certaines personnes peuvent ressentir des désagréments digestifs à la suite de l'insertion de légumineuses dans son régime ou au passage à une alimentation plus riche en fibres.

Réduire la viande pas à pas permet une **meilleure tolérance digestive**. Par ailleurs, cela **habitue son palais** aux nouvelles saveurs, et limite donc la frustration de l'arrêt de la consommation de viande ou de l'insertion de nouveaux aliments ! Voici le plan d'action que je vous propose :

LES DIFFÉRENTES PHASES DE LA RÉDUCTION DE VIANDE

Méthode 1 : par fréquence de consommation

Phase 1. Je réduis ma consommation de viande à une fois par jour maximum.
Phase 2. Je consomme de la viande seulement un jour sur deux.
Phase 3. Je consomme de la viande 2 à 3 fois par semaine maximum.
Phase 4. Je consomme de la viande uniquement le week-end.
Phase 5. Je consomme de la viande seulement une fois par semaine (exemple : le dimanche).
Phase 6. Je consomme de la viande uniquement à l'extérieur (ex : chez des amis, au restaurant...).
Phase 7. J'arrête totalement de consommer de la viande.

Méthode 2 : par type de viande

Phase A. Je supprime la viande rouge.
Phase B. Je supprime toutes les viandes transformées (cordons-bleus, nuggets...).
Phase C. Je supprime la charcuterie.
Phase D. Je supprime toute forme de viande.

MES OBJECTIFS

1/ À quelle étape êtes-vous actuellement?
Date du jour : ....
Phase ....

2/ Quel est votre objectif?
J'aimerais atteindre la phase .... avant la date du ....

N'oubliez pas que réduire la viande, ce n'est pas que réduire sa consommation. C'est aussi la remplacer par les bons aliments !

À VOUS DE JOUER!

Élaborez votre programme pour réduire la viande en fonction de votre objectif et de votre tolérance intestinale.

	J'augmente ma consommation de protéines végétales	Je réduis ma consommation de viande
Semaine 1	Théorie : connaître les différentes sources de protéines végétales et le principe de complémentarité.	Objectif recommandé : Phase 1/A
Semaine 2	Pratique : insérer les protéines végétales les plus digestes (voir JOUR 9) en petites quantités.	Objectif recommandé : Phase 1/B ou 2/B
Semaine 3	Si bonne tolérance, augmenter les portions des protéines végétales les plus digestes.	Objectif recommandé : Phase 3/C
Semaine 4	Essayer des légumineuses moins digestes en petites quantités. Augmenter la fréquence de consommation des légumineuses tolérées.	Objectif recommandé : Phase 4/D ou 5/D

sem 1

Acquérir les bases pour réduire la viande

Jour 1
Comprendre l'importance des protéines et leurs différentes sources

Lorsqu'on souhaite réduire la viande, l'une des principales préoccupations concerne les apports en protéines. Risque-t-on une carence ? Afin de répondre à cette question, commençons par comprendre le rôle des protéines et découvrons leurs sources végétales.

DÉFI DU JOUR **CONNAÎTRE LE RÔLE DES PROTÉINES ET LES DIFFÉRENTES SOURCES DE PROTÉINES AU SEIN DE SON ALIMENTATION**

PETIT COURS DE NUTRITION

Les protéines font partie des trois principaux nutriments indispensables au bon fonctionnement de notre organisme, aux côtés des **glucides** et des **lipides** :

- Elles constituent toutes nos cellules.
- Elles participent au remplacement des cellules endommagées et à la **cicatrisation**.
- Elles permettent la **production d'enzymes digestives**, **d'hormones**, d'anticorps (d'où leur implication dans les **défenses immunitaires**) ou encore de neurotransmetteurs.
- Elles permettent le transport de nutriments.

BON À SAVOIR

Notre organisme ne sait pas synthétiser les protéines (contrairement aux glucides et aux lipides). Il ne dispose par ailleurs d'aucune réserve pour combler ses besoins, d'où l'importance d'en apporter quotidiennement par le biais de l'alimentation !

NOS BESOINS

Les autorités sanitaires ont défini les recommandations en protéines à **0,83 g par kg de poids corporel par jour chez les adultes non végétariens** et à **1 g par kg de poids corporel par jour chez les végétariens**. Cela équivaut respectivement à 50 et 60 g de protéines par jour pour une personne de 60 kg. Couvrir ce niveau de protéines n'est pas difficile, même sans les protéines animales !

POURQUOI IL NE FAUT PAS CRAINDRE UNE CARENCE

Tout d'abord, la carence en protéines est rare dans les pays développés, où nos apports moyens sont déjà trop élevés (en moyenne 1,1 g de protéines/kg de poids corporel).
Par ailleurs, on pense à tort que la viande ou le poisson sont les seules sources légitimes de protéines. Comme vous pouvez le voir dans le *tableau en page suivante*, **les protéines se trouvent en concentration variable dans une large variété de végétaux**, à commencer par les légumes secs, les oléagineux, les graines, ou encore les céréales. Même les légumes contribuent à la couverture de nos besoins au vu des quantités importantes consommées au sein d'une alimentation équilibrée ! D'autre part, chez les lacto-ovo-végétariens, la consommation d'œufs et de produits laitiers aide à couvrir les besoins protéiques.

LES DIFFÉRENTS GROUPES D'ALIMENTS ET LEURS TENEURS EN PROTÉINES

	Groupe d'aliments	Teneurs moyennes en protéines pour 100 g	Teneurs moyennes en protéines par portion
Sources végétales	Légumineuses : pois chiches, haricots, lentilles, flageolets, pois cassés...	20 à 30g/100g sec	12 à 18g par portion de 60g cru
	Oléagineux : noix, amandes, noisettes, noix de cajou, cacahuètes...	12 à 27g/100g	3,6 à 8,1g par poignée de 30g
	Graines : courge, chia, sésame...	15 à 25g/100g	2,25g à 3,75g par cuillère à soupe de 15g
	Céréales : riz, avoine, quinoa, sarrasin, blé...	7 à 14g/100g cru	5,6g à 11,2g par portion de 80g cru
	Tubercules : pommes de terre, igname...	2 à 3g/100g cru	5 à 7,5g par portion de 250g cru
	Légumes frais : petits pois, brocolis...	0,5 à 6g/100g	1 à 12g par portion de 200g cru
	Fruits frais	0 à 1g/100g	0 à 1,5g par portion de 150g (1 fruit moyen)
Sources animales	Viande Charcuterie	17 à 25g/100g 10 à 30g/100g	17 à 25g par portion de 100g 5 à 15g par portion de 50g
	Poisson	18 à 24g/100g	20 à 26g par portion de 110g
	Produits laitiers : - fromage - yaourts et fromages blancs - laits - boissons végétales	 21g/100g 4 à 8g/100g 3,1g/100ml 1,1 à 3,75g/100ml	 8,2g par portion de 30g 5 à 10g par pot de 125g 4,65g par verre de 150ml 1,65 à 5,6g/verre de 150ml
	Œuf	12,7g/100g	7,6g par œuf

Source : Adapté de la Table nutritionnelle des aliments CIQUAL 2020.

À VOUS DE JOUER !

Les protéines végétales font-elles partie de votre alimentation au quotidien? Cochez votre fréquence de consommation actuelle.

Je les consomme...	Au moins une fois par jour	2 à 3 fois par semaine	1 fois par semaine ou moins	1 fois par mois ou moins	Jamais
Légumineuses					
Céréales					
Graines					
Oléagineux					

Jour 2
Connaître le principe de complémentation des protéines végétales

Si tous les aliments contiennent plus ou moins de protéines, toutes les sources ne se valent pas. Les protéines végétales ont une différence majeure avec les protéines animales : elles ne sont pas « complètes ». En apprenant à les consommer de la bonne façon, on peut tout à fait pallier ce problème. Aujourd'hui, on va parler de la complémentation protéique, place à la théorie !

DÉFI DU JOUR COMPRENDRE LE PRINCIPE DE COMPLÉMENTATION PROTÉIQUE

QU'EST-CE QU'UN ACIDE AMINÉ ?

Chaque protéine est composée d'une série différente d'**acides aminés** – des molécules que notre organisme décompose pendant la digestion pour fabriquer à son tour sa propre protéine et pouvoir l'utiliser.
Il existe 22 acides aminés, mais 8 d'entre eux[1] sont particulièrement importants car ils ne peuvent pas être fabriqués par notre organisme ! On les appelle des **acides aminés « essentiels »** car **il est indispensable de les apporter quotidiennement à notre organisme par l'alimentation**.
Imaginez-vous une protéine comme un puzzle : il faut les 8 acides aminés essentiels pour que notre organisme puisse en faire quelque chose. **Une protéine avec des acides aminés manquants est donc comme un puzzle avec une ou plusieurs pièces perdues :** elle ne peut, à elle seule, représenter notre seule source de protéines car elle bloquerait ou limiterait la synthèse de nouvelles protéines, d'où l'importance de s'assurer de consommer tous les acides aminés essentiels en quantités suffisantes.

LES 8 ACIDES AMINÉS ESSENTIELS

Indispensables à la synthèse des protéines, chacun d'entre eux exerce également des rôles précis. Le tryptophane est ainsi connu pour être un calmant naturel. La lysine est indispensable à la cicatrisation ou encore le fonctionnement du système immunitaire, etc.

Liste des 8 acides aminés essentiels chez l'adulte

- Isoleucine
- Méthionine
- Leucine
- Lysine
- Phénylalanine
- Thréonine
- Tryptophane
- Valine

1. Chez l'enfant, le nombre d'acides aminés essentiels est de 9. Le neuvième acide aminé essentiel, l'histidine, est indispensable à la croissance.

QU'EST-CE QU'UNE PROTÉINE COMPLÈTE ?

C'est une protéine qui contient les 8 acides aminés essentiels dans des quantités optimales par rapport à nos besoins. La protéine des viandes, des œufs ou encore du lait est une protéine complète.

LE CAS DES PROTÉINES VÉGÉTALES

Les protéines végétales ont tous les acides aminés essentiels... mais ces derniers ne sont pas tous présents en quantités suffisantes au sein d'un même aliment. Lorsqu'un acide aminé est présent en quantités insuffisantes, on dit qu'il est «limitant». Par exemple, l'acide aminé limitant des légumineuses est la **méthionine** ; celle des céréales, des oléagineux et des graines est généralement la **lysine**. **Il n'est pas nécessaire de les apprendre par cœur :** retenez simplement ces deux-là car je vais beaucoup vous en parler tout au long du programme !

La bonne nouvelle lorsqu'on souhaite réduire la viande, c'est qu'il est possible d'obtenir tous les acides aminés essentiels au bon fonctionnement de notre organisme puisque **tous les végétaux en contiennen**t. Mais certains végétaux apportent des quantités considérables d'un acide aminé en particulier et des quantités moindres d'autres. Dans d'autres végétaux, on peut constater l'inverse. Pour que l'apport en protéines soit complet, il faut donc associer plusieurs végétaux entre eux. On appelle cela la complémentation des protéines.

LA COMPLÉMENTATION DES PROTÉINES VÉGÉTALES

Le principe est simple : **on consomme au cours d'un même repas deux sources de protéines complémentaires** afin que notre organisme puisse en tirer tous les acides aminés dont il a besoin. On peut ainsi associer les aliments déficitaires en méthionine (légumes secs) avec des aliments qui en contiennent des quantités intéressantes (céréales). Et la nature est bien faite, car beaucoup d'aliments sont complémentaires ! Il s'avère ainsi que les céréales, déficitaires en lysine, peuvent trouver cet acide aminé manquant en bonnes quantités dans les légumes secs !

À RETENIR

Les sources de protéines complètes sont les **aliments d'origine animale.** Les aliments d'origine végétale, eux, ont un ou plusieurs acides aminés limitants : leurs protéines ne sont donc pas complètes. Cependant, en les associant, il est possible de trouver tous les acides aminés nécessaires !

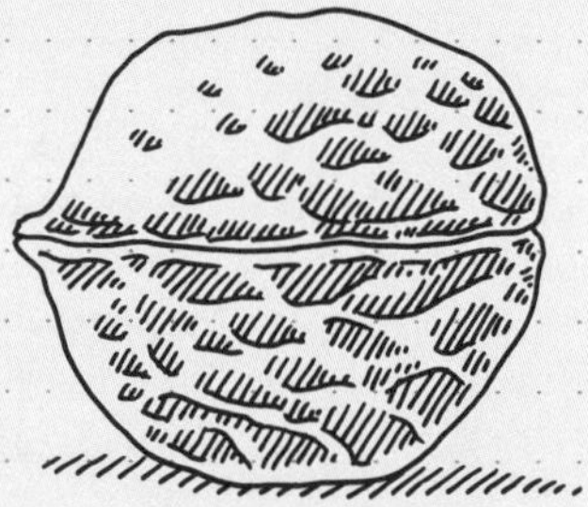

LES DIFFÉRENTES ASSOCIATIONS PROTÉIQUES POSSIBLES

Groupe d'aliments complémentaires et leur principal acide aminé limitant	Exemples d'association alimentaire
Céréales (AAL : lysine) + Légumineuses (AAL : méthionine)	• Haricots rouges + riz • Lentilles + pain, chapati ou naan (blé) • Pain ou tortillas de blé + haricots rouges • Tortillas de maïs + haricots noirs • Semoule + pois chiches • Épeautre + flageolets • Boulgour + pois cassés • Quinoa + fèves • Pois chiches (ex : houmous) + pain
Légumineuses (AAL : méthionine) + Oléagineux et/ou graines (AAL : lysine)	• Houmous : pois chiches + purée de graines de sésame • Tartinade de tofu : tofu + graines de courge
Céréales (AAL : lysine) + algues (AA : tryptophane)	• Nouilles de blé sautées + algues kombu • Soupe de tofu + algues wakamé
Légumes secs (AAL : méthionine) + algues (AAL : tryptophane)	• Lentilles corail + kombu • Houmous de pois chiches + spiruline

Légende : AAL = acide aminé limitant

On peut également associer les légumes secs avec des oléagineux ou des graines, mais gardez en tête que ces derniers sont également riches en lipides. On ne peut donc pas totalement se fier à eux, car cela impliquerait d'augmenter excessivement nos apports en graisses. Quant aux algues, elles font peu partie de nos habitudes alimentaires, mais on verra comment les insérer de temps en temps dans nos assiettes (voir p. 83).

À VOUS DE JOUER !

Notez ci-dessous vos 3 plats préférés. Que pourriez-vous faire pour les rendre équilibrés en acides aminés essentiels même s'ils sont sans viande ?

Mes plats préférés	Adaptation
Exemple Couscous (semoule, légumes, **merguez**)	Couscous végétarien (semoule, légumes, **pois chiches**) **Explication :** On remplace la merguez par des pois chiches (= légumes secs, complémentaires à la semoule qui est une céréale).
1/	
2/	
3/	

Jour 3
La complémentation des protéines en pratique

Si obtenir des protéines en quantités suffisantes est facile, quelques habitudes sont à prendre pour avoir tous les acides aminés indispensables sans recourir à la viande. Voici les points à connaître pour bien appliquer la complémentation des protéines au quotidien.

DÉFI DU JOUR **SAVOIR COMPOSER UNE ASSIETTE ÉQUILIBRÉE**

DE LA THÉORIE À LA PRATIQUE : PRINCIPALE DIFFÉRENCE

La théorie de la complémentation protéique veut qu'on associe les différentes sources de protéines **au sein d'un même repas**. En pratique, ce n'est pas obligatoire. En effet, contrairement à ce qu'on a pensé pendant très longtemps, notre organisme a la capacité de reconstituer des protéines complètes à partir des différents aliments **consommés tout au long de la journée**. Pas de panique ! Si vous avez oublié d'associer les protéines au sein de votre assiette, ce qui compte avant tout, c'est de s'assurer de consommer suffisamment d'acides aminés sur la journée ! Tout comme l'équilibre alimentaire, la complémentation des protéines se fait aussi sur plusieurs repas.

À RETENIR

En théorie, compléter les protéines végétales est indispensable. En pratique, il n'est pas utile de le faire au sein d'un même repas. L'important est de complémenter les protéines sur la journée.

LE CAS DES FLEXITARIENS ET DES VÉGÉTARIENS

Chez les flexitariens ou chez les végétariens moins stricts (lacto-végétariens, ovo-végétariens, pesco-végétariens), les acides aminés manquants des produits végétaux sont couverts par la consommation occasionnelle de produits laitiers (ex : fromage, lait, yaourts...), d'œufs et/ou de poisson.

COMMENT COMPOSER UNE ASSIETTE ÉQUILIBRÉE SANS VIANDE ?

Dans une alimentation sans viande, on peut définir 4 groupes d'aliments principaux : les céréales, les légumineuses, les oléagineux ou graines, et bien sûr les fruits et légumes. Si, comme nous l'avons vu, la complémentarité des protéines n'est pas une obligation, je vous recommande autant que possible d'y recourir car l'association de plusieurs aliments permet de s'assurer de manger équilibré et varié, d'augmenter la satiété et, enfin, fait plaisir au palais !

Jour 4
L'intérêt des légumineuses comme alternative à la viande

Lorsqu'on souhaite réduire ou remplacer la viande dans son alimentation, les légumineuses sont une alternative incontournable, et pas seulement pour leur teneur élevée en protéines ! Aujourd'hui, je vous explique pourquoi ce groupe d'aliments souvent impopulaire ne doit pas manquer dans votre assiette.

DÉFI DU JOUR COMPRENDRE L'IMPORTANCE DES LÉGUMINEUSES AU SEIN D'UNE ALIMENTATION SANS VIANDE

POURQUOI LES LÉGUMINEUSES SONT-ELLES UNE BONNE ALTERNATIVE À LA VIANDE ?

#1 **Ce sont les végétaux les plus riches en protéines** avec une teneur moyenne située entre 20 et 40% de leur poids sec.

#2 **Elles constituent la principale source de lysine**, l'acide aminé manquant des céréales, au sein d'une alimentation strictement végétarienne. Lorsqu'on ne consomme pas de protéines animales, il devient donc difficile d'obtenir une protéine complète sans consommer de légumineuses.

#3 **Elles représentent une source non négligeable de fer.** Une portion de 200 g de légumineuses cuites apporte entre 2 et 5,4 mg de fer, soit jusqu'à 40 % des apports nutritionnels recommandés chez la femme adulte.

#4 **Elles contiennent une quantité intéressante de zinc**, un autre nutriment à surveiller lorsqu'on décide d'écarter la viande de son alimentation. Une portion de 200 g de légumineuses cuites en apportent en moyenne 1,8 mg, soit 15 à 18 % des apports journaliers recommandés chez la femme adulte et l'homme adulte.

#5 **Elles sont une source sous-estimée de calcium.** Une portion de 200 g cuit apporte environ 50 à 150 mg de calcium, soit entre 5 et 15% des apports journaliers recommandés.

#6 **Contrairement à la viande, elles contiennent une grande variété de nutriments protecteurs**[1] : des fibres, des antioxydants, des oligosaccharides qui agissent comme des prébiotiques : ils nourrissent ainsi les bactéries de notre flore intestinale et apportent un bénéfice à la santé.

1. R. Campos et al., « Minor components of pulses and their potential impact on human health », *Food Research International*, March 2010, 43(2):461-482.

#7 Grâce à leur richesse en fibres, elles sont **tout aussi rassasiantes que la viande** mais ne contiennent ni graisses saturées, ni cholestérol.

#8 Et surtout, elles ont un faible impact écologique! Elles ont une empreinte carbone faible et sont très économes en eau : produire 1 kg de pois cassés ou de lentilles nécessite seulement 50 litres d'eau, contre 4 000 à 13 000 litres pour la viande (soit 260 fois plus !). Elles sont également faciles à produire et se conservent longtemps sans perdre leur haute valeur nutritionnelle.

COMPOSITION NUTRITIONNELLE MOYENNE DES PRINCIPALES LÉGUMINEUSES (POUR 100G CRU)

Aliment / Composition nutritionnelle	Haricots rouges	Flageolets	Lentilles	Pois cassés	Pois chiches	Fèves
Calories (kcal/100g)	93	85	109	113	131	76,84
Protéines (g/100g)	9,63	6,75	10,1	8,60	8,31	8,06
Glucides (g/100g)	12,30	12,00	15,80	16,30	17,70	9,35
Lipides (g/100g)	0,60	1,10	0,59	1,49	3,00	0,80
Fibres (g/100g)	11,60	13,80	7,55	7,95	8,20	3,10
Fer (mg/100g)	2,30	1,70	2,4	2,09	1,30	1,50
Zinc (mg/100g)	0,94	0,67	1,2	0,65	1,10	1,00
Magnésium (mg/100g)	39,00	33,00	30,00	20,90	44,00	37,00

Source : Table nutritionnelle des aliments CIQUAL 2020.

Au secours, je digère mal les légumes secs !

POURQUOI DIGÈRE-T-ON MAL LES LÉGUMINEUSES ?

Pour plusieurs raisons. D'abord, elles sont **très riches en fibres**. Si vous passez du jour au lendemain d'une alimentation traditionnelle, généralement pauvre en fibres, à une alimentation plus végétale riche en légumes secs, il est tout à fait normal que votre système digestif en prenne un sacré coup. En plus, les légumineuses contiennent des **galacto-oligosaccharides (GOS), des sucres que notre organisme ne sait pas digérer**. Ces derniers fermentent dans nos intestins, ce qui peut générer des gaz[1] qui, lorsqu'ils sont présents en excès, entraînent des ballonnements, des maux de ventre, voire des diarrhées selon la sensibilité de chacun. Les légumineuses contiennent enfin des composés « antinutritifs » chargés de protéger la plante des nuisibles, qui peuvent aussi être mal tolérés. Mieux préparer les légumes secs en appliquant quelques conseils simples permet de limiter les effets de ces composés.

8 CONSEILS POUR MIEUX TOLÉRER LES LÉGUMES SECS

#1 Insérer les légumineuses progressivement
L'inconfort digestif a tendance à s'estomper au fur et à mesure que notre flore intestinale s'habitue à la consommation de légumineuses. Cette période d'adaptation est cependant plus ou moins longue d'un individu à l'autre : soyez à l'écoute de votre corps.

#2 Privilégier les légumineuses les plus digestes
Certains légumes secs sont moins digestes que d'autres. C'est le cas des haricots ou des pois entiers qui contiennent une variété d'oligosaccharides qui a tendance à fermenter davantage que les autres (les stachyoses). Les pois cassés contiennent, au contraire, une majorité de sucres peu fermentescibles (verbascose et raffinose), ce qui les rend plus adaptés aux intestins fragiles ou « débutants ». Les lentilles sont également plus digestes : elles ont une peau plus fine et sont donc mieux tolérées. Vous trouverez la liste des légumineuses à privilégier en début de transition végétale au JOUR 9.

#3 Privilégier les formes plus légères
Le fait d'écraser ou de mixer les légumineuses contribue à les rendre plus digestes et permet d'apporter un peu de variété dans l'assiette. Quelques idées à essayer : les purées de légumineuses, les soupes ou encore les pâtés ou tartinades (type houmous ou terrines végétales).

#4 Ne pas oublier de les tremper !
Les antinutriments des légumineuses sont solubles dans l'eau. Le trempage permet donc de les dissoudre, réduisant ainsi les désagréments digestifs. Le temps optimal de trempage est de 12 heures[2], mais vous pouvez prolonger d'une heure ou deux

---

1. C. Martínez-Villaluenga et al., « Alpha-galactosides : antinutritional factors or functional ingredients ? », *Crit Rev Food Sci Nutr*, 2008 Apr ; 48(4):301-16.
2. H. A. Haileslassie et al., « Impact of household food processing strategies on antinutrient (phytate, tannin and polyphenol) contents of chickpeas (Cicer arietinum L.) and beans (Phaseolus vulgaris L.) : A review », *International Journal of Food Science & Technology*, 2016, 51. 10.1111/ijfs.13166.

afin de voir si vos désagréments se sont estompés. Dans tous les cas, évitez de dépasser 18 heures car un trempage trop long altère les teneurs en vitamines – dont certaines sont également solubles dans l'eau. Certaines légumineuses ne nécessitent généralement pas de trempage (voir tableau page 32), mais les tremper peut parfois améliorer leur digestibilité : n'hésitez pas à comparer !

#5 Jeter l'eau de trempage
Certaines personnes réutilisent l'eau de trempage comme eau de cuisson. Chez ceux ayant des désagréments digestifs, il est préférable de jeter cette eau car les substances indigestes des légumineuses se retrouvent dedans. Veillez toujours à la jeter et à bien rincer les légumineuses pour enlever l'excédent d'eau.

#6 Les cuire suffisamment longtemps
Plus la légumineuse est cuite, moins elle est susceptible de produire des flatulences. **Pour savoir si votre haricot rouge est bien cuit, écrasez-le avec le dos d'une fourchette. Si vous arrivez à l'écraser, cela signifie que la cuisson est correcte !** La bonne proportion d'eau de cuisson est également importante afin de permettre à la légumineuse de se gorger suffisamment (4 verres d'eau pour 1 verre de légumineuses).

#7 Éviter les cuissons « express »
Les études montrent que **la cuisson traditionnelle permet de réduire davantage la teneur en sucres fermentescibles des légumes secs en comparaison avec les cuissons sous pression**[1]. Si les modes de cuisson rapides comme la cocotte-minute font gagner du temps, elles sont déconseillées si vous avez tendance à souffrir de gaz et de ballonnements.

#8 Bien mastiquer !
La digestion commence dès la première bouchée. Face à des aliments aussi complexes à digérer que les légumes secs, prenez le temps de bien mastiquer chaque bouchée pour maximiser le contact des enzymes de votre salive avec les légumineuses.

1. C. Wieczorek, B. Sionek, W. Przybylski et al., « The influence of the culinary processing on the contents of the soluble carbohydrates in the seeds of leguminous plants », *Zeszyty Problemowe Postępów Nauk Rolniczych*, n° 584, 2016, p. 139-150.

Jour 5
Apprendre à (bien) cuisiner les légumineuses

Les légumineuses nécessitent une préparation spécifique, et nous allons voir aujourd'hui comment les cuisiner.

DÉFI DU JOUR MAÎTRISER LE TREMPAGE ET LA CUISSON DES LÉGUMINEUSES

PETIT MODE D'EMPLOI POUR LA PRÉPARATION DE VOS LÉGUMINEUSES

Étape 1 : Le rinçage. Rincer les légumineuses afin de les débarrasser de la poussière et des impuretés qui auraient pu se déposer tout au long de la chaîne de production. Cette étape est également nécessaire pour les légumineuses en conserve, afin d'enlever l'excédent de sel utilisé comme conservateur.

Étape 2 : Le trempage. Une des particularités des légumineuses est qu'elles sont séchées : il est donc nécessaire de les réhydrater avant de les consommer. Le trempage a également plusieurs fonctions : il permet de neutraliser les composés responsables des désagréments digestifs (dont je vous ai parlé à la page 29) et qui entravent la bonne assimilation des protéines ou des minéraux.

Étape 3 : Le re-rinçage. L'eau de trempage contient toutes les substances antinutritives dégorgées lors du trempage. Une fois les légumes secs trempés, il est préférable de jeter l'eau de trempage et rincer à nouveau les légumes secs.

BON À SAVOIR

- La bonne quantité d'eau pour le trempage est d'au moins 3 verres d'eau pour chaque verre de légumes secs (**proportions 1 pour 3**).
- Il est préférable d'opter pour de l'eau tiède ou chaude, qui favorise la dissolution des galacto-oligosaccharides (GOS) à l'origine des désagréments digestifs[1].
- L'ajout de **bicarbonate de sodium** dans l'eau de trempage permet de réduire encore davantage les sucres fermentescibles (quantité recommandée : 0,5 % de la teneur en eau, soit 5 g pour 1 litre d'eau).
- La **durée de trempage** dépend des variétés de légumineuses (voir tableau de la page suivante). Certains légumes secs, comme les lentilles ou les pois cassés, ne nécessitent pas de trempage (mais cela peut permettre de les faire cuire plus vite ou de mieux assimiler des nutriments).

Étape 4 : La cuisson. Cette étape est plus ou moins longue selon la légumineuse (voir tableau de la page suivante). La proportion d'eau idéale pour la cuisson est **1 pour 4** (4 verres d'eau pour 1 verre de légumes secs). Ne salez pas l'eau de cuisson : le sel a tendance à faire durcir

1. C. Wieczorek, B. Sionek, W. Przybylski et al., « The influence of the culinary processing on the contents of the soluble carbohydrates in the seeds of leguminous plants », op. cit.

les légumes secs. Il est recommandé de réaliser les 10 premières minutes de cuisson à feu vif (sauf pour les lentilles et les pois cassés, plus délicates) et à découvert, afin de favoriser la décomposition des substances antinutritives. Le reste de la cuisson peut se faire à feu moyen et à couvert.

À RETENIR

- Volume d'eau recommandé pour le trempage : 3 par volume de légumes secs
- Volume d'eau recommandé pour la cuisson : 4 par volume de légumes secs
- Ajoutez du bicarbonate de sodium dans l'eau de trempage. Les légumes secs seront plus tendres pour vos intestins et cuiront ensuite plus rapidement !

MÉMO : TEMPS DE TREMPAGE ET DE CUISSON DES LÉGUMINEUSES

	Durée de trempage	Temps de cuisson nécessaire
Fèves		
• fraîches	aucune	10-20 min
• sèches	12 heures	1h – 1h15
Haricots		
• rouges	12 heures	1h – 1h30
• blancs		1h – 1h30
• cannellini		1h – 1h20
• noirs		50 min – 1h30
• flageolets		35-45 min
• azuki		45 min – 1h
• coco		1h – 1h15
• mungo		30-45 min
• pinto		1h – 1h20
Lentilles		
• corail	aucune	10-20 min
• rouges		
• jaunes		
• vertes	4 heures (facultatif)	20-30 min
• noires		20-25 min
• blondes		30-45 min
Pois cassés		
• jaunes	2 heures (facultatif)	30-45 min
• verts		
Pois entiers	12 heures	1h30 – 2h
Pois chiches	12 heures	1h20 – 2h
Soja	12 heures	2h – 2h30

Jour 6
Démystifier le problème du soja

Plébiscitée pour sa composition exceptionnelle, la fève de soja est aussi fortement redoutée. Faisons le point aujourd'hui !

DÉFI DU JOUR COMPRENDRE L'INTÉRÊT DU SOJA EN TANT QU'ALTERNATIVE À LA VIANDE

POURQUOI LE SOJA EST-IL UNE BONNE ALTERNATIVE ?

#1 **C'est l'aliment le plus riche en protéines végétales !** Il apporte en moyenne 39,2 % de protéines, soit deux fois plus que la majorité des légumineuses.

#2 **C'est la protéine végétale qui se rapproche le plus de la protéine animale.** En comparaison aux protéines animales qui ont un indice de digestibilité qui s'élève à 1 (soit le maximum), l'indice de digestibilité du soja est évalué à 0,9 – ce qui en fait une protéine quasi complète.

#3 Le soja est **riche en fibres et source de fer.** Il affiche des teneurs intéressantes en potassium, en zinc, en calcium ou encore en vitamines du groupe B. Sous forme fermentée, il est également une source intéressante de vitamine K.

BON À SAVOIR

La teneur en protéines des produits à base de soja est extrêmement variable (voir tableau de la page 35). Comptez ainsi 0 % pour l'huile de soja, 3,75 % pour les boissons au soja, 5 % pour le tofu soyeux, 14,7 % pour le tofu ferme ou encore 17 % en moyenne pour les escalopes de soja présentes dans le commerce. Bien que riches en protéines, ces derniers sont des produits industriels et hautement transformés. Nous aborderons le sujet plus en détail au JOUR 10.

LES DIFFÉRENTES FORMES DE SOJA

Étonnamment, le soja est rarement consommé sous sa forme naturelle. On le retrouve plus facilement sous les formes suivantes :

- **la pâte miso :** une pâte de soja fermentée utilisée dans les soupes ou encore les sauces.
- **la boisson au soja** (appelé aussi *tonyu*) : une boisson végétale à base de soja utilisée en remplacement du lait de vache.
- **les edamame :** des fèves de soja immatures, et donc vertes, consommées traditionnellement au Japon à l'apéritif.
- **la sauce soja**, salée ou sucrée, **et le tamari** (sauce soja fermentée) utilisés pour assaisonner les plats.
- **la farine de soja :** une farine qui peut contenir jusqu'à 40 % de protéines, soit quatre fois plus qu'une farine de blé classique.
- **le tofu ou le tempeh** (pour sa version fermentée) : une pâte fabriquée à partir de lait de soja caillé et utilisé comme remplacement de la viande.
- **l'huile de soja**.
- **les « steaks » végétaux de soja** ou encore les **« protéines de soja texturées », consommés comme substituts à la viande**.

Au secours, j'ai peur du soja !

Le soja contient des isoflavones, des phyto-œstrogènes dont la structure est proche de celle d'une hormone humaine (l'œstrogène), ce qui soulève de nombreuses inquiétudes. Il convient cependant de ne pas confondre phyto-œstrogènes et œstrogènes.

Bien que leurs structures soient très proches et qu'ils aient effectivement la capacité de se fixer sur les mêmes récepteurs, la puissance des phyto-œstrogènes est **1000 fois plus faible que celle des œstrogènes**[1]. Si l'action du soja est complexe, il ne semble pas agir en tant que perturbateurs endocriniens. De nombreuses études ont d'ailleurs montré les effets bénéfiques de la consommation de soja sur la prévalence des **maladies cardiovasculaires**, de l'**ostéoporose**, de l'**endométriose**, ou encore du **cancer du sein**[2].

LE SOJA : UN ALIMENT DE PLUS EN PLUS TRANSFORMÉ...

Le soja est un aliment consommé depuis des siècles en Asie. Mais si les Asiatiques le consomment au naturel ou presque (fèves de soja, tofu, tempeh...), la consommation occidentale se démarque par des produits à base de soja bien plus transformés. Or, une étude de 2004 a révélé que la consommation de soja ultra-transformé chez des souris présentant des tumeurs a accéléré la croissance des tumeurs malignes, tandis que les tumeurs des animaux consommant du soja peu transformé (farine de soja) sont restées stables, malgré le même apport en isoflavones. Le caractère transformé ou non du soja pourrait potentiellement expliquer les résultats contradictoires des études sur cet aliment.

DANS QUELS CAS VAUT-IL MIEUX ÉVITER LE SOJA ?

Le soja est à consommer avec grande prudence, voire à limiter, en cas de grossesse, d'allaitement et chez les enfants en bas âge, du fait de leur sensibilité hormonale accrue. Il est à consommer avec modération chez les personnes souffrant d'hypothyroïdie ou d'insuffisance thyroïdienne légère. Les consommateurs réguliers de soja à risque d'hypothyroïdie doivent donc particulièrement veiller à leur consommation d'iode (voir page 81).

RECOMMANDATIONS DE CONSOMMATION

L'Agence française de sécurité sanitaire des aliments (AFSSA) recommande de **ne pas dépasser 1 mg d'isoflavones par kg de poids corporel et par jour**[3], **soit 60 mg par jour pour un adulte de 60 kg**. Cette valeur limite correspond à **2 portions de produits à base de soja**. Exemple : 80 g de tofu ferme cuit (18 mg) + 1 yaourt au soja (41,46 mg).

Il faut donc varier son alimentation et ne pas limiter sa seule source de protéines végétales au soja.

---

1. AFSSA, 2005.
2. C. A. Lamartiniere, « Protection against breast cancer with genistein : a component of soy », *Am J Clin Nutr.* 2000 Jun ; 71 (6 Suppl) : 1705S-7S ; discussion 1708S-9S. doi : 10.1093/ajcn/71.6.1705S. PMID : 10837323.
3. AFSSA, « Sécurité et bénéfices des phyto-estrogènes apportés par l'alimentation – Recommandations », 2005.

TENEURS EN PROTÉINES ET EN ISOFLAVONES DES PRODUITS À BASE DE SOJA

Aliment	Portion usuelle	Teneur en protéines par portion (en g)	Teneur en isoflavones par portion (en mg)
Farine de soja			
• entière	1 portion (50 g)	18,9 g	89 mg
• dégraissée	1 portion (50 g)	25,7 g	75 mg
Miso	1 portion (30 g)	3,2 mg	12 mg
Tempeh cuit	1 portion (80 g)	14 g	29 mg
Tofu			
• ferme, cuit	1 portion (80 g)	11,8 g	18 mg
• soyeux	1 portion (40 g)	2 g	6,7 mg
• fumé	1 portion (80 g)	13 g	10 mg
Yaourt au soja	1 yaourt (125 g)	4,9 g	41 mg
Edamame, cuites	1 portion (50 g)	5,6 g	9 mg
Boisson au soja	1 verre (125 ml)	4,5 g	9,8 mg
Sauce soja	1 c. à soupe (30 ml)	2,1 g	0,35 mg
« Steak » de soja	100 g	variable	variable

Sources : USDA Database for the Isoflavone Content of Selected Foods, Release 2.1 (November 2015) & Table nutritionnelle des aliments CIQUAL 2020.

MES CONSEILS DE CONSOMMATION :

- Limitez-vous à 1, maximum 2 produits à base de soja par jour.
- Ne misez pas tout sur le soja et variez avec d'autres légumineuses !
- Gardez le soja transformé (steak de soja, protéines de soja texturées…) pour une consommation occasionnelle et privilégiez autant que possible le **soja non transformé** ou **peu transformé** (edamame, tofu, tempeh, miso, farine de soja, boisson au soja…).

À RETENIR

Les personnes en bonne santé et consommant du soja en quantités raisonnables ne doivent pas s'inquiéter quant aux effets du soja.

Jour 7
Connaître les alternatives végétales à la viande

Par quoi remplacer la viande ? Bonne nouvelle, il existe des dizaines de possibilités ! Voici les principales !

DÉFI DU JOUR **CONNAÎTRE LES BONNES (ET MOINS BONNES) ALTERNATIVES À LA VIANDE**

LES MEILLEURES ALTERNATIVES

#1 Les légumineuses

Elles sont peu coûteuses, locales, bonnes sur le plan écologique et apportent une quantité élevée de protéines et autres nutriments.

- **Les pois chiches :** En plus de leur teneur en protéines (20,5 g/100 g sec), les pois chiches permettent une grande variété d'utilisation, ce qui explique leur popularité. Ils sont également relativement digestes.
- **Les lentilles :** Riches en protéines (25 g de protéines par 100 g crus), elles font partie des végétaux les plus riches en fer (6,5 g/100 g crus). Elles ne nécessitent pas de trempage, leur temps de cuisson est d'ailleurs le plus court de toutes les légumineuses.
- **Les pois cassés :** Les pois cassés sont des petits pois que l'on a débarrassés de leur peau et faits sécher. Ils sont riches en protéines (22,8 g/100 g sec) et ont tendance à se « casser » à la cuisson : on peut donc en faire soupes et purées.
- **Les haricots :** Riches en protéines (22 g de protéines par 100 g cru), ce sont aussi des sources intéressantes de fer, de magnésium ou encore de zinc. Cependant, leur cuisson est plus longue et ils font partie des légumineuses les moins digestes : on veillera donc à les ajouter progressivement dans notre assiette.
- **Les haricots azuki :** Ces mini-haricots rouges originaires du Japon ont un temps de cuisson plus rapide que les autres haricots. Autre particularité : leur texture douce et sucrée fait qu'ils conviennent particulièrement bien en desserts et en pâtisseries !

#2 Les steaks de légumineuses

Les « steaks » ou galettes de légumineuses sont une excellente façon d'insérer plus de légumes secs dans l'assiette. Il est désormais possible d'en trouver des « prêts à cuisiner » en grande surface (steaks de soja, steaks de haricots rouges...). Parfait pour gagner du temps en cuisine ! On veillera néanmoins à bien les choisir (voir JOUR 10).

#3 Tofu, tempeh et seitan : les protéines végétales venues d'ailleurs

- **Le tofu :** C'est une pâte originaire de Chine fabriquée à base de fèves de soja, ce qui explique sa richesse en protéines (5 à 16 g/100 g selon le type de tofu). Contrairement aux légumineuses, le tofu est plus digeste et n'engendre pas de troubles digestifs. Autre avantage : il a un goût neutre, ce qui permet de le préparer à toutes les sauces ! Nous apprendrons à l'apprivoiser au JOUR 11.
- **Le tempeh :** il est également fabriqué à partir de soja, mais, à la différence du tofu, les fèves ne sont pas écrasées et forment un bloc. Originaire d'Indonésie, le tempeh contient davantage de protéines (17,6 g/100 g) et il est fermenté, ce qui lui donne un goût spécifique (arrière-goût de champignons et de noix). Sa pauvreté en fibres le rend également très digeste. On apprendra à le cuisiner au JOUR 21.
- **Le seitan :** Contrairement au tofu et au tempeh, le seitan est fabriqué à partir de protéines de blé. Inventé en Chine par des moines bouddhistes, c'est l'alternative à la viande la plus riche en protéines (près de 20 g/100 g). Elle n'est cependant pas adaptée aux intolérants/sensibles au gluten.

#4 Les pseudo-céréales complètes

- **Le quinoa :** c'est une graine consommée comme céréale, ce qui explique sa composition particulière. Elle contient davantage de protéines que les céréales classiques (14,1 g/100 g, soit deux fois plus que le riz), mais elle se distingue surtout par sa plus grande richesse en acides aminés. Selon les études, elle serait une protéine végétale presque complète[1].
- **Le sarrasin :** Tout comme le quinoa, le sarrasin est riche en protéines (12,9 g/100 g) et affiche une **meilleure composition en acides aminés** en comparaison avec la plupart des céréales. Côté cuisine, le sarrasin est connu pour sa farine, mais il est relativement peu consommé sous forme de graines, qui représentent pourtant une excellente alternative au riz. Je vous apprends à le cuisiner au JOUR 14.
- **L'amarante :** autre alternative au quinoa et au sarrasin, l'amarante est également riche en protéines (14,5 g de protéines par 100 g), avec une teneur plus élevée de lysine[2].

IMPORTANT

Comme nous l'avons vu au JOUR 2, il est important de veiller à associer ces sources avec leurs protéines complémentaires.

1. J. Ruales, B. M. Nair, « Nutritional quality of the protein in quinoa (Chenopodium quinoa, Willd) seeds », *Plant Foods Hum Nutr*, 1992 Jan ; 42(1):1-11. doi : 10.1007/BF02196067.
2. A. D. Correa, L. Jokl, R. Carlsson, « Amino acid composition of some Amaranthus sp. grain proteins and of its fractions », *Arch Latinoam Nutr*. 1986 Sep ; 36(3) 466-476. PMID : 3632220.

LES ALTERNATIVES MOINS INTÉRESSANTES

#1 Le fromage : C'est une source de protéines (21% en moyenne), mais il est aussi riche en graisses saturées et en cholestérol, mauvais pour notre santé cardio-vasculaire. On ne peut pas le considérer comme une alternative à la viande.

#2 Les oléagineux et purées d'oléagineux : Noix, amandes et compagnie sont une source intéressante de protéines (20-25%). Ils sont cependant riches en lipides et donc caloriques. Néanmoins, je vous invite à en consommer régulièrement, à raison d'une poignée par jour (environ 30g).

#3 Les graines : Elles contiennent 20 à 25% de protéines, ce qui en fait une source intéressante. Mais on a tendance à les consommer en trop petites quantités pour les considérer comme des alternatives à la viande. Par ailleurs, elles sont également riches en lipides (20 à 30%).

#4 Les champignons : S'ils ne sont pas très riches en protéines, ils ont néanmoins l'avantage d'avoir une texture assez proche de la viande, ce qui permet de les utiliser dans certains plats.

#5 Les algues : Wakamé, kombu, nori, dulse et autres algues sont presque aussi concentrées en protéines que les légumineuses (10 à 30%). Leur composition en acides aminés essentiels est également intéressante : elles affichent des teneurs en méthionine supérieures aux autres végétaux[1]. Mais les algues sont trop peu présentes dans la cuisine occidentale pour être appréciées comme des alternatives à la viande. Par ailleurs, certaines sont trop concentrées en iode, ce qui nous expose à un risque d'excès.

#6 Les simili-carnés industriels : Les simili-carnés sont des produits végétaux industriels fabriqués de manière à imiter la texture, la consistance, le goût voire l'odeur de la viande. S'ils permettent une transition sans frustration vers une alimentation végétale, ils ne sont pas un réflexe santé, car ce sont souvent des produits très transformés et riches en additifs. Plus d'infos au JOUR 10.

#7 Les protéines de soja texturées (ou PST) : Ce sont des protéines déshydratées, extraites à partir de farine de soja. Leur consistance est proche de celle de la viande hachée et leur goût est neutre, ce qui permet de les utiliser dans une large variété de plats en remplacement de viande (voir page 65). Mais leur processus de fabrication est hautement industriel : ils sont donc à consommer de manière occasionnelle.

À RETENIR

Une alimentation végétale ne peut pas offrir UNE alternative à la viande, du fait qu'il n'existe pas de protéine végétale complète. Cependant, **en mangeant varié, on parvient à diversifier les sources de protéines végétales** et donc à trouver les acides aminés essentiels nécessaires à notre organisme lorsqu'on réduit la viande.

1. J. Fleurence, J.-L. Guéant, « Les algues : une nouvelle source de protéines », *Biofutur*, 1999-08, n° 191, juillet-août, p. 32-36.

Bilan de la semaine 1

La première semaine, axée sur la théorie, est terminée. Faisons le point sur vos acquis !

Cochez les objectifs que vous avez réussi à atteindre :

Objectifs	Objectif complètement atteint	Objectif partiellement atteint	Objectif non atteint
JOUR 1 : Connaître le rôle des protéines et les différentes sources de protéines au sein de son alimentation			
JOUR 2 : Comprendre le principe de complémentation des protéines végétales			
JOUR 3 : Savoir composer une assiette équilibrée sans viande			
JOUR 4 : Comprendre l'importance des légumineuses au sein d'une alimentation sans viande			
JOUR 5 : Maîtriser le trempage et la cuisson des légumineuses			
JOUR 6 : Comprendre l'intérêt du soja en tant qu'alternative à la viande			
JOUR 7 : Connaître les bonnes (et moins bonnes) alternatives à la viande			

Ce qui vous a marqué cette semaine :

Votre plus grande fierté de la semaine :

Les éventuelles difficultés que vous avez rencontrées :

sem 2

Préparer la transition

Jour 8
Remplir son frigo et ses placards de bonnes choses

Maintenant que vous avez toutes les bases pour réduire la viande, nous allons passer à la pratique ! Mais avant de passer à l'action, une dernière chose : il faut bien remplir vos placards et votre frigo. Pour vous y aider, vous trouverez ci-dessous ma liste de courses pour un frigo plus végétal.

DÉFI DU JOUR **FAIRE LES COURSES POUR PRÉPARER LE PASSAGE À L'ACTION**

LA LISTE DE COURSES DES INDISPENSABLES ANTI-VIANDE

Les indispensables	
Légumineuses	• **Sèches :** lentilles* et pois cassés. haricots, pois chiches et autres dont vous maîtriserez le trempage et la cuisson. • **En conserve (nature) :** pois chiches, haricots (rouges/noirs/blancs), flageolets. • **Surgelées :** fèves, edamame… • **Rayon frais ou rayon bio :** tofu (ferme/fumé/soyeux, au choix).
Féculents & céréales	• **Céréales, de préférences complètes :** riz basmati, riz complet, riz sauvage, quinoa, graines de sarrasin, amarante, boulgour, millet, pâtes standard/au blé complet/aux légumineuses, nouilles soba, etc. • **Produits céréaliers :** pain complet, aux céréales, au sarrasin, à la farine de légumineuse… • **Farines :** de petit épeautre, d'épeautre, de sarrasin, de pois chiches, de lentilles, de quinoa, de coco… • **Tubercules :** pomme de terre, patate douce, topinambour… • **Produits du petit déjeuner :** flocons d'avoine/de quinoa/de millet/de pois chiches nature, son d'avoine ou de riz.
Graines & oléagineux	• **Oléagineux nature, non salés et de préférence non grillés :** cacahuètes, noisettes, amandes, pistaches, noix de cajou, cerneaux de noix… • **Purée d'oléagineux :** purée de cacahuète (ou beurre de cacahuète**), « tahini » ou purée de sésame, purée d'amande… • **Graines, non salées :** chia, lin, courge, tournesol, sésame…
Fruits & légumes	• Frais, si de saison. • Surgelés nature, le cas échéant.

Les indispensables	
Produits laitiers et leurs alternatives végétales	• Lait écrémé/demi-écrémé ou boisson végétale enrichie en calcium. • Yaourts, fromages blancs ou leurs alternatives végétales enrichies en calcium. • Fromages (facultatif).
Matières grasses	• Huile d'olive extra-vierge. • Huile de lin ou de colza***. • Crème fraîche ou ses alternatives végétales (lait de coco, crème de coco, soja cuisine, amande cuisine, etc.).
Herbes, épices et assaisonnements	• **Épices :** curry, curcuma, paprika, piment, poivre, anis, cannelle, cumin… • **Épices fraîches :** gingembre, curcuma frais, gousses d'ail… • **Herbes, de préférence fraîches :** basilic, origan, ciboulette, thym, coriandre… • **Légumes aromatiques :** oignon, échalote, carottes, navets, poireaux… • Sel enrichi en iode****.
Condiments	• **Graines germées.** • **Algues séchées :** wakamé, nori… • **Champignons séchés :** shiitaké… • Sauces tomates natures («100 % tomates»). • Vinaigre balsamique ou de cidre. • Sauce soja salée ou sauce tamari (si possible allégés en sel). • Sauce miso. • Purée de piment. • Moutarde. • Levure de bière.
Produits sucrés et autres	• Cacao en poudre, sans sucre ajouté. • Chocolat noir 70 % cacao. • Miel, éventuellement sucre complet ou de coco (avec modération). • Poudre d'amande. • Poudre à lever/levure boulangère.

Remarques :
*Il existe plusieurs variétés de lentilles. Cependant, s'il y en a une à avoir dans sa cuisine, ce sont les lentilles corail dont le temps de cuisson est le plus court (12-15 min !). Idéal pour cuisiner un repas nutritif, même à la dernière minute !
**Le beurre de cacahuète, à la différence de la purée de cacahuète, contient du sucre ajouté, des matières grasses et du sel. Vérifiez les compositions et choisissez celles «100 % cacahuètes».
***Pensez toujours à avoir une huile riche en oméga-3 dans votre cuisine (voir JOUR 24).
****Veillez à choisir du sel iodé (voir JOUR 24).

MES CONSEILS

- **N'hésitez pas à adapter ce tableau selon votre régime alimentaire et vos préférences alimentaires :** barrez ou ajoutez les aliments que vous ne consommez pas.
- Une fois votre liste prête, pensez à la coller sur votre frigo pour ne rien oublier une fois au supermarché !
- Les aliments pré-cuisinés sont souvent riches en sel et en matières grasses. Préférez autant que possible le fait maison.

Jour 9
Insérer des légumineuses en douceur

Une période d'adaptation est souvent nécessaire pour que notre flore intestinale développe les bonnes bactéries pour digérer ces nouveaux aliments. Il est indispensable d'insérer petit à petit les légumineuses dans son alimentation et de privilégier les plus digestes. Découvrons ensemble lesquelles privilégier en début de transition.

DÉFI DU JOUR **CONNAÎTRE LES LÉGUMINEUSES LES PLUS DIGESTES À PRIVILÉGIER EN DÉBUT DE TRANSITION VÉGÉTALE**

LES 7 LÉGUMINEUSES À PRIVILÉGIER

#1 **Les lentilles :** Grâce à leur peau très fine, elles font partie des légumineuses les plus digestes. Par ailleurs, elles ne nécessitent pas de trempage et leur durée de cuisson est très courte, ce qui en fait la légumineuse parfaite pour les végétariens/flexitariens débutants !

#2 **Les pois cassés :** Ils contiennent une proportion de sucres qui ont tendance à très peu fermenter, ce qui les rend plus adaptés aux intestins fragiles ou « débutants ».

#3 **Les haricots mungos :** Leur petite taille fait qu'ils cuisent plus rapidement. Trempés et cuits correctement, ils ont tendance à générer moins de gaz et de ballonnements.

#4 **Les légumineuses en conserve :** Les conserves préservent à merveille les valeurs nutritives des légumineuses. Leur long temps de trempage permet de réduire leur teneur en anti-nutriments et en galacto-oligosaccharides (GOS), ce qui diminue leur capacité à générer des désagréments digestifs.

#5 **Les farines de légumineuses :** Elles contiennent 85 % de moins de composés anti-nutritionnels et de GOS à l'origine des désagréments digestifs. Il est donc intéressant de remplacer partiellement la farine classique de blé par des farines de pois chiches, de lentilles ou encore de soja.

#6 **Les pâtes de légumineuses :** Voici une autre option intéressante pour insérer des légumineuses dans son assiette tout en limitant les désagréments digestifs. Riches en protéines, elles restent cependant digestes, sont faciles à cuire (moins de 15 minutes) et se conservent longtemps.

#7 **Le tofu, le tempeh et le seitan :** Riches en protéines mais faibles en fibres et en composés anti-nutritionnels, ils sont conseillés à ceux qui tolèrent mal les légumineuses (et même ceux souffrant de côlon irritable).

IMPORTANT

Gardez en tête que si ces 7 alternatives figurent parmi les plus digestes, chacun a une sensibilité intestinale différente. La tolérance peut donc varier.

COMMENT APPRIVOISER LES LÉGUMINEUSES ?

Pour apprivoiser les légumineuses en douceur, rappelez-vous de les insérer progressivement dans votre assiette. Commencez par les formes les plus digestes, énoncées à la page précédente, en veillant à les insérer en petites portions, par exemple 1 à 2 cuillères à soupe cuites. Les légumineuses sont généralement digérées trois à cinq heures après leur consommation : prenez soin d'observer les sensations alimentaires survenant quelques heures après le repas. Si la tolérance est bonne, augmentez les portions un prochain jour, puis vérifiez à nouveau si vous ressentez des désagréments digestifs ou non.

Tant que vous ne tolérez pas parfaitement les légumineuses, évitez de les consommer plusieurs fois par jour. Commencez par un jour sur trois, puis un jour sur deux, puis une fois par jour...

Afin d'insérer les légumineuses progressivement dans votre assiette, je vous invite à **tenir un petit journal de vos sensations alimentaires** pour vous aider à trouver la forme de légumineuses et/ou les cuissons le temps de trempage que vous tolérez le mieux. N'hésitez pas à vous aider du tableau ci-dessous pour créer votre propre journal de suivi.

Mon tableau de suivi – spécial légumineuses

Date	Légumineuse	Quantité	Mode de préparation	Accompagnement	Commentaire
Ex : 01/09	*Pois chiches*	*2 c. à soupe cuits*	• *En conserve* • *Mixés*	*en houmous (tomates séchées, purée de sésame, citron, thym) + pain complet*	*Tolérance : OK*
Ex2 : 03/09	*Pois chiches*	*6 c. à soupe*	• *Faits maison* • *Trempage 12 h* • *Cuisson 1h* • *Servis entiers*	*en curry (courgettes, lait de coco, curry) + riz blanc*	*Ballonnements ++++ dans la soirée* *Essayer une durée de trempage plus longue (18 h) et servir une quantité moindre la prochaine fois*

DEUX FAÇONS D'INTÉGRER EN DOUCEUR LES LÉGUMINEUSES À VOTRE ALIMENTATION

#1 Le houmous

Le houmous est le mets idéal pour insérer des légumineuses en douceur ! Composé de pois chiches cuits et de purée de sésame, il est riche en protéines végétales mixées, ce qui le rend extrêmement digeste. L'ajout de citron, riche en vitamine C, permet d'augmenter l'absorption de fer, autre atout nutritionnel du houmous.

LA RECETTE À TESTER : HOUMOUS LÉGER AUX POIVRONS

Digestibilité ★★★★

Teneur en protéines par portion : 5g/portion

Ingrédients (pour 1 bol/4 portions) :

- 2 poivrons rouges
- 70g de pois chiches cuits
- 2 c. à soupe de tahini (purée de sésame)
- 10 amandes émondées
- 3 c. à soupe d'huile d'olive extra-vierge
- Thym
- 1 pincée de sel

Préparation :

- Préchauffez le four à 180 °C.
- Lavez et coupez les poivrons en lamelles, puis disposez-les sur une plaque de cuisson. Enfournez 20 minutes.
- Une fois sortis du four, laissez refroidir puis enlevez la peau des poivrons.
- Dans un blender, ajoutez les poivrons ainsi que les autres ingrédients, mixez puis dégustez !

Remarque : Votre houmous fait maison peut se conserver 3 à 4 jours au frigo.

#2 Les crêpes/gaufres de légumineuses

Remplacer la farine de blé classique de vos crêpes ou gaufres par une farine de légumineuse est une façon gourmande d'ajouter les légumineuses à votre assiette !

LA RECETTE À TESTER : PANCAKES À LA FARINE DE POIS CHICHE

Digestibilité ★★★★★

Teneur en protéines par portion : 17g/portion de 3 pancakes

Ingrédients (pour 9 mini-pancakes) :

- 110g de farine de pois chiches
- 90g de farine de blé T45
- 2 œufs bio
- 40ml de lait d'amande
- 200g de yaourt nature ou végétal
- 30g de sucre complet
- 2 c. à café de levure chimique

Préparation :

- Dans un saladier, mélangez les œufs, le lait d'amande et le yaourt.
- Ajoutez les farines, la levure, le sucre puis fouettez jusqu'à l'obtention d'une pâte homogène.
- Sur une poêle chaude, faites chauffer quelques gouttes d'huile, versez une cuillère de la pâte puis laissez cuire quelques minutes.
- Dès que vous voyez des bulles apparaître, retournez le pancake et laissez cuire l'autre face 2 à 3 minutes. Servez chaud ou froid, avec l'accompagnement de votre choix. Bon appétit !

Jour 10
Bien choisir les substituts à la viande du commerce

« Steaks » végétaux, nuggets végétaux, charcuteries végétales... : les substituts à la viande sont de plus en plus répandus dans les supermarchés. Si leur teneur en protéines est effectivement élevée, voyons aujourd'hui leurs avantages et inconvénients et apprenons à mieux les choisir.

DÉFI DU JOUR APPRENDRE À DÉCHIFFRER LES ÉTIQUETTES DES SUBSTITUTS À LA VIANDE DU COMMERCE

SIMILI-CARNÉS : AVANTAGES ET INCONVÉNIENTS

Les simili-carnés sont des substituts à la viande fabriqués de manière à imiter leur texture, leur consistance et leur goût.

Avantages	• Ils sont pratiques et rapides à utiliser. • Ils permettent de maintenir un apport adéquat en protéines au sein de notre assiette. • Leur texture et leur goût proche de la viande les rendent familiers et permettent donc de remplacer la viande sans frustration. • Ils sont plus écologiques et ne causent pas de souffrance animale.
Inconvénients	• Ce sont très souvent des produits ultra-transformés, c'est-à-dire dont la composition et les méthodes de fabrication s'éloignent du fait maison. • Ils sont riches en arômes et additifs. • Ils sont souvent une source de sucre et/ou de sel cachés. • Ils peuvent être assez chers.

SIMILI-CARNÉS ET PRODUITS VÉGÉTAUX : FAIRE LA DIFFÉRENCE

Le terme « végétal » est parfois utilisé à foison par les industriels car il est devenu un réel argument marketing. **Un produit végétal n'est pas obligatoirement un substitut à la viande.** Un aliment végétal peut ainsi être végétal mais contenir une quantité médiocre de protéines. **Pour ne pas se faire avoir**, il est indispensable de vérifier la teneur en protéines du produit sur l'étiquette nutritionnelle. De manière générale, un aliment végétal peut être considéré comme alternative à la viande lorsqu'il apporte **plus de 7,6 g de protéines par portion**, soit l'équivalent d'un œuf :

	Plus de 7,6 g par portion : Riche en protéines
	3,5 à 7,5 g par portion : Source intéressante de protéines mais pas suffisante au sein d'un repas
	Moins de 3,5 g par portion : Apport faible en protéines

Si on constate de grandes avancées en termes de goût des simili carne, la route est encore longue : **89 % des simili-carnés vendus en supermarchés sont ultra-transformés**[1]. Or leur consommation est associée à une augmentation des risques cardiovasculaires[2] et ce, même si l'alimentation est végétale[3]. Il s'agit donc de **bien choisir ses substituts de viande en optant pour les moins transformés possibles**.

LECTURE D'ÉTIQUETTES : COMMENT BIEN CHOISIR SES SIMILI-CARNÉS ?

#1 Scruter la liste d'ingrédients

La meilleure façon d'analyser un produit est de regarder sa liste d'ingrédients. Elle donne un aperçu de sa composition et de son degré de transformation. Gardez en tête que la liste est toujours établie par ordre décroissant (de l'ingrédient le plus présent au moins présent).

- Choisissez toujours les produits avec les listes d'ingrédients les plus courtes possible. Plus la liste d'ingrédients est longue, plus le produit est transformé.
- Évitez les produits industriels qui contiennent des ingrédients farfelus ou des additifs (épaississants, correcteurs d'acidités...).
- Méfiez-vous des arômes : même lorsqu'ils sont d'origine naturelle, ils peuvent être fabriqués de manière chimique !
- Surveillez la présence de sucres cachés. Ils peuvent revêtir divers noms (sucre, sirop, fructose, mélasse, amidon...).
- Identifiez la source de protéines. S'agit-il d'une protéine non transformée (ex. : lentilles) ou transformée (ex. : protéines de lentilles, farine de lentilles...) ?

#2 Puis regarder la table de composition

- **Vérifiez la teneur en protéines**, selon les conseils de la page précédente.
- **Surveillez la quantité de sel.** Un produit industriel contenant plus de 0,5 g de sel par 100 g ou par portion est considéré comme très salé.
- **Contrôlez la teneur en matières grasses.** Limitez les simili-carnés contenant plus de 15 % de matières grasses et assurez-vous que la majorité ne soient pas saturées.

À RETENIR

Si les simili-carnés peuvent dépanner, il est indispensable de **bien les choisir.** Vous pouvez également apprendre à les cuisiner faits maison (la suite au JOUR 19).

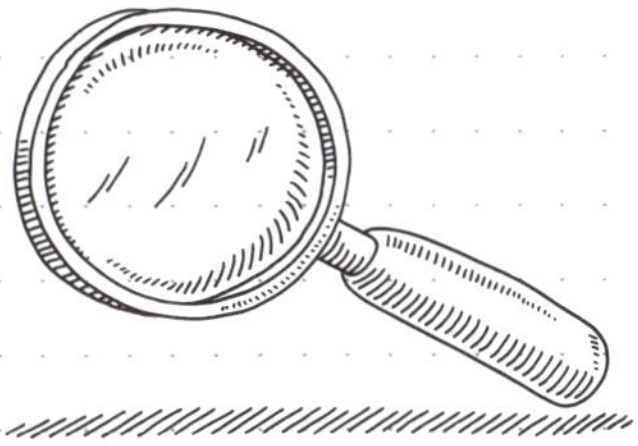

1. SIGA, « Végétariens et vegan : consomment-ils plus d›aliments ultra-transformés », https ://siga.care/blog/regimes-vegetariens-vegans-aliments-ultra-transformes/.
2. L. Schnabel, E. Kesse-Guyot, B. Allès et al. « Association Between Ultraprocessed Food Consumption and Risk of Mortality Among Middle-aged Adults in France », *JAMA Intern Med.* 2019 ; 179(4):490–498. doi : 10.1001/jamainternmed.2018.7289
3. Satija, Ambika et al. « Healthful and Unhealthful Plant-Based Diets and the Risk of Coronary Heart Disease in U.S. Adults », *Journal of the American College of Cardiology* vol. 70,4 (2017) : 411-422. doi : 10.1016/j.jacc.2017.05.047

Jour 11
Apprivoiser le tofu

Si les légumes secs sont un indispensable parmi les alternatives à la viande, aujourd'hui je vous propose d'aller à la rencontre d'un autre aliment qui mérite notre attention : le tofu. Plus digeste que les légumes secs, le tofu peut être un véritable atout au sein d'une alimentation végétale... à condition d'apprendre à le cuisiner !

DÉFI DU JOUR **APPRENDRE À CUISINER LE TOFU**

QU'EST-CE QUE LE TOFU ?

Le tofu est originaire d'Asie. Bien qu'il soit consommé en remplacement de la viande, techniquement c'est plutôt un fromage végétal puisqu'il est issu du caillage de « lait » de soja. On le trouve désormais un peu partout : dans les rayons bio ou diététiques des supermarchés et dans les supermarchés asiatiques.

POURQUOI LE TOFU EST-IL UNE BONNE ALTERNATIVE À LA VIANDE ?

#1 Il est riche en protéines : 100 g de tofu ferme apportent en moyenne 13,5 g de protéines, soit quasiment autant qu'un steak haché (16,7g/100 g).

#2 Ses protéines sont de bonne qualité. Le tofu est fabriqué à partir de soja, qui fait partie des protéines végétales les plus proches de la composition idéale des protéines animales.

#3 Contrairement à la viande, il apporte **très peu de graisses saturées et ne contient pas de cholestérol**, ce qui le rend plus favorable pour notre santé cardiovasculaire.

#4 Le tofu affiche **un avantage indéniable par rapport aux légumes secs : celui d'être digeste et de ne pas entraîner de désagréments digestifs**. Il permet donc à celui qui en consomme de varier son alimentation sans avoir de problèmes de ballonnements ou de gaz.

#5 Enfin, ses nombreuses formes, que ce soit en texture (ferme, fumé, soyeux...) ou en goût (nature, mariné, aromatisé...) en font **un aliment dont on se lasse difficilement** !

COMMENT (BIEN) CUISINER LE TOFU ?

L'avantage du tofu, c'est son goût neutre. Mais c'est aussi un inconvénient car, mal assaisonné, il peut paraître fade. Il est donc important de bien le préparer.

Astuce 1 : Égoutter le tofu avant de le cuire

Égouttez le tofu pendant au moins 30 minutes, de manière à ce qu'il puisse ensuite s'imprégner des épices et/ou de la sauce de vos plats.
Comment faire ? Déposez le tofu dans une assiette recouverte d'une feuille de papier absorbant pliée en deux. Recouvrez d'une deuxième feuille de papier absorbant pliée en deux. Posez une assiette par-dessus puis une boîte de conserve

afin de compresser le tofu. Placez le tout dans votre réfrigérateur au minimum 30 minutes.

Astuce 2 : Mariner le tofu avant de le cuire

Une fois que le tofu est bien égoutté, vous pouvez soit l'ajouter dans vos plats en sauce soit le faire sauter au wok ou à la poêle. Dans ce cas-là, il sera meilleur si vous le faites mariner : il absorbera la marinade, ce qui permettra de le parfumer davantage encore.

Quelques exemples de marinades gourmandes :

- Huile d'olive, sauce soja salée, piment, citron vert.
- Huile de colza, vinaigre balsamique, échalote, ciboulette, sel, poivre.
- Huile de sésame, citron jaune, persil frais, sésame, sel.
- Lait de coco, curry, citron jaune, sel, poivre, coriandre fraîche.

ZOOM SUR LES DIFFÉRENTES SORTES DE TOFU

- **Le tofu ferme :** sa texture est compacte, ferme. Il est particulièrement adapté dans les recettes où il remplace la viande émincée : lasagnes, farces, pâtes bolognaises, légumes sautés, etc. Il se marie aussi bien aux plats en sauce : curry, ragoût, plats à base de sauce tomate, etc.
- **Le tofu soyeux :** il affiche une texture onctueuse et molle du fait de sa teneur élevée en eau. On l'utilise avant tout en pâtisserie, mais il a sa place également dans les recettes de smoothies ou de quiches où il apporte de l'onctuosité.
- **Le tofu fumé :** similaire au tofu ferme en texture, il est fumé au bois, ce qui lui donne une couleur légèrement brunâtre et un goût délicatement marqué.
- Il est de plus en plus fréquent de trouver du **tofu aromatisé (pré-cuisiné)** : il s'agit le plus souvent de tofu ferme assaisonné aux herbes ou aux épices. Il peut parfois être grillé et/ou mariné. **Ils sont idéaux pour débuter**, tandis que les tofus nature sont plus pratiques car personnalisables à souhait.

Comparatif nutritionnel du tofu ferme, fumé et soyeux

	Tofu ferme (nature)	Tofu ferme (fumé)	Tofu soyeux (nature)
Calories (kcal/100 g)	148	164	54
Eau (g/100 g)	73,80	70,30	89,40
Protéines (g/100 g)	13,40	14,90	4,57
Glucides (g/100 g)	2,87	2,91	1,53
Lipides (g/100 g)	8,50	9,50	2,90
Fibres (g/100 g)	0,50	0,50	0,50
Fer (mg/100 g)	2,40	2,00	0,64
Zinc (mg/100 g)	1,30	1,40	0,47

Source : Table nutritionnelle des aliments CIQUAL 2020.

À vous de jouer !

Voici 3 recettes pour expérimenter le tofu !

CHALLENGE 1 : APPRIVOISER LE TOFU SOYEUX

LA RECETTE À TESTER : MOUSSE AU CHOCOLAT NOIR, AU TOFU SOYEUX

Digestibilité ★★★★★
Teneur en protéines : 9g/portion

Ingrédients (pour 2 pers.) :
- 200g de tofu soyeux nature
- 70g de chocolat noir
- 2 c. à café de sucre complet

Préparation :
- Faites fondre le chocolat noir dans une casserole avec 3 cuillères à soupe d'eau.
- Ajoutez le tofu soyeux ainsi que le sucre complet, puis mixez le tout jusqu'à l'obtention d'un mélange homogène.
- Ajoutez le mélange dans deux ramequins et placez au frais 2 à 3 heures avant dégustation. Bon appétit !

CHALLENGE 2 : APPRIVOISER LE TOFU FERME

LA RECETTE À TESTER : CURRY DE TOFU AUX PETITS LÉGUMES

Digestibilité ★★★★★
Teneur en protéines : 19g/portion
Teneur en fer : 6mg/portion

Ingrédients (pour 2 pers.) :
- 160g de tofu ferme nature
- ½ brocoli
- 1 carotte
- 1 poivron rouge
- 1 oignon
- 2 gousses d'ail
- 200ml de lait de coco (ou 100ml de crème liquide légère ou «crème soja»)
- 1 à 2 c. à café de curry, sel et poivre
- 1 c. à soupe d'huile d'olive

Préparation :
- Une heure avant de cuisiner la recette, pensez à laisser égoutter le tofu.
- Dans une poêle chaude, faites fondre l'huile d'olive, puis ajoutez l'ail et l'oignon finement hachés, la carotte coupée en fines rondelles, le brocoli séparé en petites fleurettes, et le poivron coupé en lamelles. Incorporez ensuite la poudre de curry, salez légèrement, poivrez, puis faites sauter le tout à feu vif pendant 10 minutes.
- Ajoutez ensuite le lait de coco ainsi que le tofu ferme coupé en dés, puis laissez mijoter à feu doux et à couvert pendant 15 minutes ou jusqu'à ce que les légumes soient tendres à la fourchette. Servir chaud tel quel ou avec du riz. Bon appétit !

CHALLENGE 3 : APPRIVOISER LE TOFU FERME FUMÉ

LA RECETTE À TESTER : ROUGAIL DE TOFU

Digestibilité ★★★★★
Teneur en protéines : 17 g/portion

Ingrédients (pour 2 pers.)

- 200 g de tofu fumé
- 400 g de pulpe de tomates concassées
- 1 gousse d'ail
- 1 cm de gingembre frais
- 2 oignons
- 1 c. à café de mélange d'épices massalé (ou curry)
- 1 c. à soupe d'huile d'olive
- Sel et poivre

Préparation :

- Une heure avant de cuisiner la recette, pensez à faire égoutter le tofu.
- Dans une poêle chaude, versez l'huile d'olive, ajoutez l'ail, l'oignon et le gingembre finement hachés ainsi que les épices massalé. Faites dorer le tout 3 minutes à feu moyen.
- Versez ensuite la pulpe de tomate, 50 ml d'eau, salez légèrement et poivrez. Baissez le feu, couvrez et laissez mijoter 10 minutes en remuant de temps en temps.
- Ajoutez le tofu fumé en dés, puis poursuivez la cuisson 10 minutes supplémentaires.
- Rectifiez l'assaisonnement, puis servez chaud avec du riz. Bon appétit !

MON CONSEIL

Si votre première expérience est un fiasco, n'hésitez pas à donner au tofu une seconde chance (voire une troisième ou quatrième !). Cet aliment riche sur le plan nutritionnel n'est pas commun dans la cuisine occidentale, ce qui peut expliquer un temps d'adaptation plus long.

Jour 12
Mieux choisir ses céréales

Lorsqu'on réduit la viande, on pense principalement aux légumineuses et on néglige le rôle des céréales. Pourtant, le bon choix de ces dernières a toute son importance au sein d'une alimentation sans viande. Voyons aujourd'hui pourquoi et comment mieux choisir ses céréales.

DÉFI DU JOUR CONSOMMER DAVANTAGE DE CÉRÉALES COMPLÈTES ET LES MOINS TRANSFORMÉES POSSIBLE

POURQUOI MIEUX CHOISIR SES CÉRÉALES ?

Notre alimentation a tendance à être riche en **céréales raffinées** (et donc transformées), ce qui leur fait perdre un grand nombre de leurs propriétés nutritionnelles : **protéines, fibres, minéraux (dont les précieux zinc, fer et vitamines B dont on parlera au JOUR 24) ou encore antioxydants**. Les céréales raffinées sont certes plus digestes, mais cela a aussi l'inconvénient de favoriser une assimilation plus rapide des glucides, ce qui leur procure un **index glycémique élevé**.
Opter pour des céréales complètes, et de préférence peu ou pas transformées, permet de **profiter pleinement de leur belle composition nutritionnelle**, d'**améliorer la satiété** et de **réduire les pics de glycémie**, ce qui **limite les coups de fatigue après les repas** ou **encore les risques de diabète ou de surpoids**.

À VOUS DE JOUER !

Voici ci-contre une liste des féculents. Cochez ceux que vous avez l'habitude de consommer le plus fréquemment. Font-ils partie de la colonne de gauche ou de droite ?

☐ Riz basmati	☐ Riz précuit ou instantané
☐ Riz complet	☐ Nouilles instantanées
☐ Riz sauvage	☐ Pâtes de blé classiques
☐ Pâtes au blé complet	☐ Baguette
☐ Pâtes au sarrasin	☐ Pain blanc
☐ Pâtes à base de farine de légumineuses	☐ Pain de mie blanc
☐ Quinoa	☐ Pain de mie complet
☐ Sarrasin	☐ Croissants
☐ Pain complet	☐ Mueslis
☐ Pain aux céréales	☐ Granolas
☐ Pain au seigle	☐ Biscottes
☐ Pain au sarrasin	☐ Farine de blé (T45/T55)
☐ Flocons d'avoine	
☐ Farine de pois chiches	
☐ Farine complète de blé	
☐ Farine complète d'épeautre	

Réponse : La colonne 1 correspond aux céréales complètes et peu/pas transformées (à privilégier autant que possible). La colonne 2 comprend les céréales transformées (à limiter).

ASTUCE 1 : (RE)DÉCOUVRIR LES CÉRÉALES ANCIENNES

Plusieurs reviennent à la «mode», nous offrant davantage de possibilités nutritionnelles. C'est le cas du sarrasin, du quinoa ou encore de l'amarante, qui ont tout intérêt à être présentes plus souvent dans nos assiettes, car **elles ne sont pas transformées et sont particulièrement riches en protéines** (jusqu'à deux fois la teneur moyenne des céréales).

Tableau comparatif de quelques céréales et pseudo-céréales (pour 100 g cru)

Aliment / Composition nutritionnelle	Pâtes standard	Pâtes au blé complet	Riz blanc	Riz complet	Graines de sarrasin	Quinoa blanc	Amarante
Calories (kcal/100 g)	331	350	350	349	356	354	365
Protéines (g/100 g)	12,6	12,6	7,4	7,4	12,9	14,1	14,5
Glucides (g/100 g)	65,8	67,6	78,0	71,4	64,6	58,1	58,6
Lipides (g/100 g)	1,79	2,2	0,9	2,8	3,55	6,1	7,02
Fibres (g/100 g)	3	6,1	1,05	5	7	7	6,7
Fer (mg/100 g)	1,5	3,2	1,5	1,6	2,2	4,57	7,61
Zinc (mg/100 g)	1,31	1,9	1,4	2	2,4	3,1	2,87
Magnésium (mg/100 g)	57,5	82,2	31,3	118	231	197	248

Source : Table nutritionnelle des aliments CIQUAL 2020.

ASTUCE 2 : AVOIR LES BONNES FARINES DANS SON PLACARD !

Remplacer la farine de blé classique par une farine plus nutritive est une astuce facile pour insérer plus de bonnes choses dans son assiette (protéines, fer, magnésium...). À utiliser à votre guise dans vos recettes de gaufres (exemple : page 45), de gâteaux ou de pâtes brisées. Et n'hésitez pas à varier au gré des saveurs !

Tableau comparatif de la composition de quelques farines

Aliment / Composition nutritionnelle	Farine de blé classique (T55)	Farine de blé complète (T150)	Farine de grand épeautre	Farine de sarrasin	Farine de pois chiches
Calories (kcal/100 g)	346	339	347	348	359
Protéines (g/100 g)	9,03	12,2	12,5	11,5	22,4
Glucides (g/100 g)	73,7	64,9	64	68,4	47
Lipides (g/100 g)	1	1,52	3	2,19	6,69
Fibres (g/100 g)	3,2	10,2	9,3	4,2	10,8
Fer (mg/100 g)	1	2,7	3	2,5	4,86
Zinc (mg/100 g)	0,81	2,5	2,8	2,3	2,81
Magnésium (mg/100 g)	27	85,1	92	157	166

Source : Table nutritionnelle des aliments CIQUAL 2020.

Jour 13
Insérer le quinoa dans son assiette

Riche en protéines végétales et en fer, le quinoa apporte davantage d'acides aminés essentiels que les céréales classiques. Contrairement aux légumineuses, il ne génère pas de désagréments digestifs. Enfin, il est sans gluten. Aujourd'hui, voyons ensemble comment cuisiner cet aliment incontournable d'une assiette flexitarienne/végétarienne !

DÉFI DU JOUR APPRENDRE À CUISINER LE QUINOA

MODE D'EMPLOI

Extrêmement simple à cuisiner, il se prépare comme le riz et a pour avantage de cuire très rapidement (moins de 15 minutes!). Il se consomme en remplacement de votre féculent habituel. Comptez 50 à 80 g de quinoa sec par personne, selon si vous le choisissez en accompagnement ou en ingrédient principal.

- **Étape 1 : Rincer abondamment le quinoa sous l'eau** afin d'enlever les résidus de saponine, un insecticide naturellement présent dans l'enveloppe du quinoa qui le protège des oiseaux et des insectes.
- **Étape 2 : Ajoutez le quinoa rincé dans deux fois son volume d'eau froide.** Si vous dosez correctement la quantité d'eau, le quinoa ne baignera pas dans l'excès d'eau et il n'y aura pas besoin de l'égoutter. **Vous pouvez ajouter une pincée de sel (facultatif).**
- **Étape 3 : Portez à ébullition le quinoa (à découvert).**
- **Étape 4 : Une fois que l'eau frémit, baissez le feu, couvrez et laissez cuire à feu doux 10 minutes.** Le quinoa devient cuit lorsqu'il est translucide et qu'il laisse apparaître un petit germe blanc en forme de spirale.
- **Étape 5 : Éteignez le feu, puis laissez reposer quelques minutes (toujours à couvert) afin que le restant d'eau s'évapore totalement.** Vous pouvez ensuite le consommer froid ou chaud.

ASTUCES

Pour donner encore plus de goût à votre quinoa, vous pouvez le faire cuire dans un bouillon de légumes et/ou rajouter des épices dans l'eau de cuisson. Vous pouvez également le faire dorer avec une cuillère à soupe d'huile d'olive et un oignon ciselé, avant ou après l'avoir cuit.

BIEN CHOISIR LE QUINOA

Les principaux pays producteurs sont le Pérou, la Bolivie et l'Équateur. Mais grâce à sa capacité à s'adapter à différents types de sols et conditions climatiques, de plus en plus de pays européens se mettent à la production de quinoa. Si vous n'arrivez pas à trouver du quinoa local, privilégiez celui issu du commerce équitable, plus respectueux des ressources naturelles et de la biodiversité.

À vous de jouer !

Voici 2 recettes pour essayer le quinoa !

BON À SAVOIR

Le quinoa peut également se consommer sucré ! Essayez, par exemple, le porridge de quinoa au chocolat et à la banane de la page 85.

LA RECETTE À TESTER : SALADE DE QUINOA À LA FETA, AUX TOMATES CERISES ET À L'AVOCAT

Digestibilité ★★★★★
Teneur en protéines : 17 g/portion

Ingrédients (pour 2 pers.) :
- 120 g de quinoa cru
- Une quinzaine de tomates cerises
- 50 g de feta
- 2 poignées de roquette
- 1 avocat
- 1 c. à soupe d'huile d'olive
- 1 c. à soupe d'huile de lin
- 1 c. à café de moutarde
- Sel et poivre

Préparation :
- Rincez le quinoa.
- Ajoutez le quinoa dans deux fois son volume d'eau. Portez à ébullition, couvrez et laissez cuire à feu doux pendant 10 minutes. Éteignez ensuite le feu et laissez refroidir toujours à couvert, jusqu'à évaporation totale de l'eau.
- Pendant ce temps, lavez la roquette, coupez les tomates cerises en deux, la feta en dés et l'avocat en lamelles.
- Préparez ensuite la vinaigrette en mélangeant l'huile d'olive, la moutarde et les épices de votre choix.
- Dans un saladier, ajoutez tous les ingrédients ainsi que la vinaigrette, mélangez puis dégustez !

LA RECETTE À TESTER : QUINOA À LA MEXICAINE

Digestibilité ★★★★★
Teneur en protéines : 16 g/portion

Ingrédients (pour 2 pers.) :
- 80 g de quinoa
- 125 g de haricots rouges cuits
- 400 g de pulpe de tomates
- 1 oignon
- 1 gousse d'ail
- ½ oivron
- 70 g de maïs
- 2 c. à soupe d'huile d'olive
- Paprika fumé, chili (facultatif), sel et poivre

Préparation :
- Émincez l'oignon et l'ail. Épépinez et coupez le poivron en petits dés.
- Dans une sauteuse, faites chauffer un filet d'huile d'olive, puis faites revenir l'oignon et l'ail avec 1 c. à café de paprika fumé et une pointe de chili. Ajoutez le poivron et poursuivez la cuisson 5 minutes.
- Ajoutez ensuite le quinoa, les tomates concassées et 100 ml d'eau. Portez à ébullition puis laissez mijoter à frémissement environ 20 minutes.
- Quelques minutes avant la fin de cuisson, ajoutez le maïs ainsi que les haricots rouges égouttés. Salez et poivrez, puis servez chaud !

Jour 14
Cuisiner les graines de sarrasin

Voici une autre céréale ancienne, particulièrement riche en protéines végétales. Elle est sans gluten et offre une composition intéressante en fibres, fer, zinc, magnésium et acides aminés essentiels. Par ailleurs, sa culture ne nécessite ni engrais ni pesticides. Voici comment l'insérer dans vos assiettes !

DÉFI DU JOUR APPRENDRE À CUISINER LES GRAINES DE SARRASIN

LES DIFFÉRENTES VARIÉTÉS DE GRAINES DE SARRASIN

- **Le sarrasin non décortiqué :** il est alors complet et préserve au mieux sa composition nutritionnelle.
- **Le sarrasin décortiqué :** il a une couleur plus pâle. On peut le manger aussi bien cuit que cru.
- **Le sarrasin grillé :** très populaire en Europe de l'Est où il est appelé « kasha ». Son goût se rapproche beaucoup de celui des noisettes rôties.

Vous pouvez les trouver en supermarchés et en magasins bio. N'hésitez pas à les essayer toutes pour déterminer votre préférée !

La préparation des graines de sarrasin est aussi facile que celle du riz. Comptez 50 à 80 g par personne.

BON À SAVOIR

Les dérivés du sarrasin (farine de sarrasin, pâtes ou nouilles de sarrasin, flocons de sarrasin...) affichent également une composition nutritionnelle intéressante. Alors n'hésitez pas à les incorporer plus souvent dans votre assiette !

LA RECETTE À TESTER : RISOTTO DE GRAINES DE SARRASIN AUX CHAMPIGNONS

Digestibilité ★★★★★
Teneur en protéines : 15 g/portion

Ingrédients (pour 2 pers.) :

- 150 g de graines de sarrasin, décortiquées ou non
- 250 g de champignons de Paris
- 1 oignon blanc
- 60 ml de soja cuisine
- 1 c. à soupe d'huile d'olive extra-vierge
- Sel, curry, cumin, poivre.

Préparation :

- Dans une poêle chaude, faites fondre l'huile d'olive et ajoutez l'oignon haché et les épices.
- Passez les graines de sarrasin sous un filet d'eau. Ajoutez-les ensuite avec l'oignon et faites dorer quelques minutes à feu vif.
- Versez le double du volume de sarrasin en eau. Portez à ébullition, puis baissez le feu, couvrez et laissez mijoter.
- Coupez les champignons en huit, ajoutez-les. Salez, poivrez.
- Quelques minutes avant la fin de cuisson, ajoutez le soja cuisine et, si besoin, rectifiez l'assaisonnement en épices. Servez chaud. Bon appétit !

Bilan de la semaine 2

La deuxième semaine du programme est terminée. Place au bilan !

Cochez les objectifs que vous avez réussi à atteindre :

Objectifs	Objectif complètement atteint	Objectif partiellement atteint	Objectif non atteint
JOUR 8 : Remplir son frigo et ses placards de bonnes choses			
JOUR 9 : Connaître les légumineuses les plus digestes à privilégier en début de transition végétale			
JOUR 10 : Apprendre à déchiffrer les étiquettes des substituts à la viande industriels			
JOUR 11 : Apprendre à cuisiner le tofu (et tester une recette !)			
JOUR 12 : Privilégier les céréales complètes et les moins transformées possible			
JOUR 13 : Apprendre à cuisiner le quinoa (et tester une recette !)			
JOUR 14 : Apprendre à cuisiner les graines de sarrasin (et goûter !)			

Ce qui vous a marqué cette semaine :

Votre plus grande fierté de la semaine :

Les éventuelles difficultés que vous avez rencontrées :

sem 3

Apprendre à se régaler sans viande

Jour 15
Connaître les incontournables de la cuisine végétarienne

Quels sont donc les plats incontournables qui peuvent nous aider à booster notre consommation de protéines végétales ? Voici les grands classiques de la cuisine végétarienne. N'hésitez pas à les insérer plus souvent dans votre alimentation.

DÉFI DU JOUR **CONNAÎTRE ET GOÛTER LES PLATS INCONTOURNABLES DE LA CUISINE VÉGÉTARIENNE**

LES 8 PLATS INCONTOURNABLES

#1 Le dhal

Ce plat emblématique de la cuisine indienne est préparé à partir de lentilles corail, d'épices et de lait de coco. Riche en protéines, il est également facile et rapide à cuisiner : un incontournable pour les végétariens débutants !

LA RECETTE À TESTER : DHAL DE LENTILLES CORAIL FACILE

Digestibilité ★★★★★
Teneur en protéines : 24 g/portion

Ingrédients (pour 2 pers.) :

- 1 tasse de lentilles corail sèches (100 g)
- 1 oignon
- 2 gousses d'ail
- 100 ml de lait de coco
- 1 c. à soupe d'huile d'olive
- Curry, sel et poivre

Préparation :

- Dans une poêle ou un wok chaud, faites chauffer l'huile, puis ajoutez l'oignon coupé grossièrement ainsi que l'ail finement haché. Ajoutez le curry et faites dorer quelques minutes.
- Rincez abondamment les lentilles corail sous l'eau du robinet afin d'enlever les impuretés.
- Dans une casserole, ajoutez les lentilles égouttées ainsi que le double de volume d'eau (soit 2 tasses), puis faites cuire à feu moyen et à couvert pendant 8 minutes en remuant de temps en temps. (Si les lentilles accrochent au fond de la poêle, ajoutez un peu d'eau.)
- Une fois les lentilles cuites (elles se décomposent légèrement), ajoutez le lait de coco. Rectifiez l'assaisonnement, mélangez puis servez chaud avec du riz ou tel quel. Bon appétit !

#2 Le houmous

Je vous en ai déjà parlé à plusieurs reprises, et pour cause ! Cette pâte végétale à tartiner à base de pois chiches est une source incontestable de protéines végétales. On peut l'utiliser en remplacement du beurre sur ses tartines ou dans ses sandwichs/tortillas, en guise de sauce pour salade ou encore d'assaisonnement pour les dips de légumes à l'apéro.

#3 Les falafels
Ces petites boulettes de légumineuses sont très populaires car savoureuses et riches en protéines végétales mais avant tout savoureuses; elles permettent d'oublier qu'il n'y a pas de viande dans l'assiette! On les sert généralement en sandwich ou en salade. Pour essayer, vous trouverez la recette à la page 68.

#4 Le chili sin carne
À l'origine cuisiné avec du bœuf haché, les végétariens se sont approprié la recette en supprimant la viande. Un plat savoureux, facile et rapide à préparer qui devient parfaitement équilibré en protéines lorsqu'on veille à l'associer avec du riz.

#5 Les tacos, burritos et fajitas de haricots rouges
Ces sandwichs à base de tortillas repliés ou enroulés et farcis sont une excellente idée de plat à base de protéines complémentaires, que sont les légumineuses et les tortillas de blé. Vous pouvez trouver des tortillas de blé ou de maïs dans les rayons «cuisine du monde» de tous les supermarchés.

#6 La soupe de pois cassés
Très consommée autrefois, bon marché et nourrissante, elle constituait une source de protéines de choix lorsque la viande n'était pas accessible. Traditionnellement cuisinée avec du lard, on peut remplacer ce dernier par du tofu fumé.

#7 La soupe minestrone
Cette recette italienne de soupe est traditionnellement réalisée à base de légumes... mais aussi de haricots blancs, ce qui lui permet de constituer aussi une petite source de protéines végétales. Idéale pour une envie de dîner végétarien léger mais équilibré!

#8 Les haricots blancs à la bretonne
Un grand classique que l'on retrouve également dans de nombreuses cuisines (marocaine, anglaise, catalane ou encore polonaise), et pour cause! Cette recette est simple à réaliser et constitue un plat riche en protéines végétales à faible coût.

LA RECETTE À TESTER : CHILI SIN CARNE

Digestibilité ★★
Teneur en protéines : 12g/portion (sans riz)

Ingrédients (pour 2 pers.) :
- 200g de haricots rouges cuits
- 240g de purée de tomates
- 4 c. à soupe de maïs
- 1 oignon blanc
- 2 c. à soupe d'huile d'olive extra-vierge
- Épices : cumin, piment, origan, sel

Préparation :
- Dans une poêle ou un wok, faites chauffer l'huile d'olive puis ajoutez l'oignon coupé en dés. Faites dorer pendant 5 minutes environ avec les épices.
- Ajoutez ensuite la purée de tomates, les haricots rouges égouttés, le maïs et laissez mijoter le tout 10 minutes environ.
- Servez chaud, tel quel ou avec du riz, du quinoa ou des tortillas. Bon appétit!

Jour 16
Se mettre aux veggie bowls

Une façon simple et gourmande d'apprendre à complémenter les protéines végétales : les « veggie bowls ». Permettez-moi de vous expliquer de quoi il s'agit et quels peuvent être leurs intérêts dans votre transition végétale !

DÉFI DU JOUR **INSÉRER DES PROTÉINES VÉGÉTALES DANS SON ALIMENTATION AVEC LES VEGGIE BOWLS**

UN VEGGIE BOWL, C'EST QUOI ?

Un « bowl » est un repas servi dans un bol. Mais contrairement aux repas classiques, il contient **plusieurs sortes d'ingrédients disposés harmonieusement les uns à côté des autres, sans être mélangés**. On obtient une présentation riche en couleurs et en saveurs, mais surtout un repas équilibré et complet.

Il existe plusieurs sortes de bowls (le smoothie bowl – spécial petit déjeuner – ou encore le poké bowl, spécialité hawaïenne à base de poisson cru). Nous allons nous pencher sur le veggie bowl comme **idée de repas gourmand, équilibré et riche en protéines**.

L'INTÉRÊT DU VEGGIE BOWL DANS UNE TRANSITION VÉGÉTALE

Un veggie bowl correctement composé apporte **tous les groupes d'aliments nécessaires au bon fonctionnement de notre organisme** :

- des féculents sources d'énergie ;
- des protéines (qu'on veillera à composer de manière à ce qu'elles soient complètes !) ;
- des légumes pour l'équilibre alimentaire et leurs apports en nutriments protecteurs ;
- des graines ou oléagineux pour leur apport en graisses de bonne qualité et en minéraux ;
- et enfin des herbes/épices et éventuellement une sauce pour englober le tout de saveurs gourmandes.

Il est important de préciser que les veggie bowls sont toujours composés **de petites portions d'aliments** : l'assiette comprend une part importante de légumes et un apport modéré en féculents, ce qui rend le repas plus léger. Cela est particulièrement intéressant dans le cas de la transition végétale. Insérer les légumineuses en petites quantités dans notre assiette permet d'habituer notre système digestif à ces aliments qui nécessitent un effort particulier pour être digérés.

Dernier atout des veggie bowls : c'est un **repas rapide à préparer** qui est idéal pour **réutiliser des restes du frigo** ! Faire place à votre imagination permet de créer de multiples combinaisons de veggie bowls, selon les aliments disponibles dans votre frigo.

COMMENT COMPOSER UN VEGGIE BOWL ÉQUILIBRÉ ET RICHE EN PROTÉINES VÉGÉTALES ?

Tout simplement en veillant à avoir un ingrédient de chaque groupe d'aliment dans son assiette, à savoir :

1 céréale + 1 légumineuse + 1 ou plusieurs légumes + 1 poignée d'oléagineux ou de graines + des herbes et/ou épices + 1 sauce

ASTUCE

Afin de ne pas obtenir de repas trop gras, veillez à ne pas cuire/réchauffer tous les ingrédients à l'huile. Alternez avec des modes de cuisson sans matières grasses (ex : cuisson vapeur, à l'eau...).

VOICI QUELQUES EXEMPLES DE VEGGIE BOWLS ÉQUILIBRÉS EN PROTÉINES :

- Haricots rouges (légumineuse) + quinoa (céréale) + avocat et tomates cerises (légumes) + coriandre fraîche (herbes) + sauce vinaigrette au chili (matière grasse et épice).
- Boulettes de lentilles corail (légumineuse) + graines de sarrasin (céréales) + brocoli vapeur (légume) + graines de courge (graines) + sauce au yaourt (sauce).
- Edamame (légumineuse) + riz (céréale) + mangue (fruit) + sésame (graines) + coriandre fraîche + vinaigrette à la sauce soja (sauce).
- Tofu (légumineuse) + riz complet (céréale) + chou bok choy sauté (légume) + noix de cajou (oléagineux) + ciboulette (herbe fraîche) + vinaigrette à la sauce balsamique (sauce).

À VOUS DE JOUER !

Réalisez un repas façon « veggie bowl » à partir des ingrédients que vous avez chez vous. Notez ci-dessous ce que vous avez cuisiné : ....

....

....

....

....

....

LA RECETTE À TESTER : VEGGIE BOWL MEXICAIN

Digestibilité ★★★★

Teneur en protéines : 15 g/portion

Ingrédients (pour 1 pers.) :

- 2 à 3 c. à soupe de haricots rouges cuits
- 2 à 4 c. à soupe de riz cuit
- ½ avocat
- 1 c. à soupe de maïs
- ½ citron vert
- 1 c. à soupe d'huile d'olive
- 1 poignée de coriandre fraîche
- 1 pincée de noix de cajou
- Sel et poivre

Préparation :

- Faites cuire le riz.
- Pendant ce temps, faites réchauffer les haricots rouges. Coupez l'avocat en lamelles.
- Préparez la vinaigrette : mélangez l'huile d'olive, le jus du citron vert, la coriandre émincée finement et assaisonnez de sel et de poivre.
- Disposez les ingrédients côte à côte dans un gros bol ou une assiette creuse. Parsemez de vinaigrette, de maïs et de noix de cajou puis dégustez immédiatement. Bon appétit !

Jour 17
Retrouver ses saveurs préférées

Lorsque l'on commence une transition végétale, il est normal de rechercher les saveurs qu'on connaît et qu'on aime, à savoir celles de la viande. Voici quelques astuces pour vous aider à retrouver vos saveurs préférées.

DÉFI DU JOUR **APPRENDRE À ASSAISONNER SON ASSIETTE DE MANIÈRE À RETROUVER SES SAVEURS PRÉFÉRÉES**

LES 5 SECRETS D'UNE CUISINE VÉGÉTALE SAVOUREUSE

#1 L'assaisonnement

Le secret d'une assiette végétale gourmande et savoureuse réside dans le bon assaisonnement ! La première astuce est donc d'avoir ce qu'il faut dans vos placards.

- **Les épices**

Il existe des centaines d'épices différentes et des milliers d'associations possibles. Pensez aux épices fraîches à râper ou hacher et à utiliser en association avec des légumes aromatiques.

L'ÉPICE MAGIQUE : LE PAPRIKA FUMÉ

Le paprika fumé rappelle efficacement les saveurs de saucisse fumée ou de lardons. Sceptique ? Essayez ma recette de petit salé végétarien à la page suivante.

- **Les herbes fraîches**

Elles contribuent à égayer un plat, mais aussi à l'enrichir en vitamine C qui favorise l'absorption du fer (nous en parlerons au JOUR 22). Évitez la cuisson qui détruit cette vitamine et ajoutez-les au moment de servir.

#2 Les condiments

Moutarde, bouillons cubes, sauce Maggi®, sauce soja, vinaigre, vinaigrette balsamique, concentré de tomates, purée de piments, vin rouge... : les condiments sont une précieuse aide culinaire, donc n'hésitez pas à y recourir au gré de vos envies !

#3 La technique de cuisson

La réaction de Maillard a lieu lorsqu'on chauffe à haute température un aliment contenant des protéines. Elle permet la formation d'une croûte et le développement de saveurs spécifiques, typiques des grillades. Mais il est aussi possible d'obtenir cet effet avec les légumes ou les protéines végétales en les faisant sauter de manière à les caraméliser.

#4 La sauce

Au-delà de ses fonctions gustatives, elle permet de récupérer l'eau ou les sucs de cuisson pour un rendu savoureux. Lorsqu'elle est fabriquée à partir d'une matière grasse, elle contribue également à donner le ton au plat. Les alternatives végétales à la crème fraîche ne manquent pas : lait de coco, crème de coco, soja cuisine, avoine cuisine... Vous pouvez également opter pour les sauces à base de sauce tomate ou de bouillon miso, plus légères.

#5 Le choix de la texture
Les aliments mixés ou lisses ont tendance à être monotones pour notre palais. N'hésitez pas à varier les textures et à veiller à avoir au moins un aliment croquant dans l'assiette qui pourrait remplacer la viande. C'est d'ailleurs pour cette raison que les falafels, boulettes végétales et autres simili-carnés ont autant de succès en tant que substituts à la viande.

LA RECETTE À TESTER : PETIT SALÉ AU TOFU FUMÉ

Digestibilité ★★★★★
Teneur en protéines : 24g/portion

Ingrédients (pour 2 pers.) :
- 100g de lentilles vertes sèches
- 120g de tofu fumé
- ½ poireau
- 1 carotte
- 1 oignon
- 1 c. à soupe d'huile d'olive extra-vierge
- 1 c. à café de paprika fumé
- Sel et poivre

Préparation :
- Une heure avant, égouttez le tofu fumé.
- Dans une poêle, faites chauffer l'huile. Ajoutez l'oignon haché grossièrement, le paprika fumé et faites dorer.
- Ajoutez la carotte ainsi que le poireau, lavés puis coupés en demi-rondelles. Laissez cuire 1 à 2 minutes.
- Ajoutez ensuite les lentilles vertes lavées, 1 grosse pincée de sel ainsi que le triple du volume d'eau, puis faites cuire pendant 25 minutes à feu doux et à couvert. À mi-cuisson, ajoutez le tofu fumé coupé en lamelles.
- Une fois les lentilles cuites, ajoutez la moutarde et assaisonnez de sel et de poivre. Mélangez puis servez chaud. Bon appétit!

À LA RECHERCHE DE LA CINQUIÈME SAVEUR...

On connaît tous les quatre saveurs principales : sucré, salé, amer, acide. Mais saviez-vous qu'il en existe une cinquième? En 1908, un chercheur japonais, Kikunae Ikeda, a mis en évidence l'existence de l'umami, qui serait typique des viandes et des produits d'origine animale et pourrait expliquer leurs saveurs enivrantes. On retrouve cette saveur également dans certains végétaux – d'où leur intérêt dans la cuisine végétale :

- Certains **légumes**, comme les épinards ou les tomates bien mûres.
- La **sauce soja**, utile pour relever les plats d'inspiration asiatique, faire d'excellentes marinades et des vinaigrettes.
- La **sauce tamari** : plus brute et davantage salée que la sauce soja, on l'utilise de la même façon. Elle donnera du caractère à vos préparations.
- Le **miso** : cette pâte de soja fermentée existe en plusieurs sortes. Le miso blanc est plus doux et plus sucré : vous pouvez l'utiliser pour les soupes, les sauces ou les marinades. Le miso brun, lui, est plus fort en goût. Dilué dans un fond d'eau, il remplace à merveille les bouillons de viande.
- Certains **champignons**, comme le shiitaké. Ajouter une poignée de shiitakés séchés dans votre bouillon permet de recréer les saveurs d'un bouillon de viande.

Tous ces aliments se trouvent facilement en magasin bio ou dans les rayons «cuisine du monde» des supermarchés.

Il faut parfois un peu de recul pour constater que ce n'est pas tant la viande qui nous manque le plus lorsqu'on décide de s'en passer, que les saveurs qui l'accompagnent : les aromates, la sauce ou encore la technique de cuisson. Bonne nouvelle, ce sont des choses que l'on peut recréer très facilement dans la cuisine végétale!

Jour 18
Végétaliser ses plats préférés

Selon moi, une transition végétale réussie survient lorsqu'on arrive à continuer de manger ce qu'on aime. Cela fait toute la différence, car un changement trop radical entraînerait de la frustration et ne serait pas viable à long terme. Aujourd'hui, nous allons donc voir comment remplacer la viande dans vos plats préférés.

DÉFI DU JOUR APPRENDRE À VÉGÉTALISER SES PLATS PRÉFÉRÉS

PAR QUOI REMPLACER…

De la viande hachée ?
- du tofu ferme nature émietté ;
- des protéines de soja texturées réhydratées dans un bouillon puis émiettées ;
- des légumineuses cuites, écrasées grossièrement.

Pour un effet grillé, faites dorer vos aliments dans une poêle légèrement huilée à feu moyen/fort. Pour une texture plus tendre, ajoutez-les directement dans votre plat/votre sauce et laissez mijoter à feu doux.

De la viande émincée (poulet, dinde…) ?
- du tofu ferme ;
- du tempeh ou du seitan hachés finement ;
- des protéines de soja texturées de taille plus grande (type médaillons) ;

Coupez-les en morceaux plus ou moins gros puis faites-les griller ou mijoter selon le rendu souhaité.

Des steaks hachés ?
- des « steaks » végétaux ou des galettes végétales.

Des boulettes de viande ?
- des boulettes de lentilles et/ou de légumes ;
- des boulettes de tofu, de tempeh ou de seitan (voir recette page 73) ;
- des falafels de pois chiches (voir recette page 68).

Des lardons ?
- du tofu fumé, préalablement grillé ou non ;
- des protéines de soja texturées réhydratées dans un bouillon et émiettées.

Des saucisses ?
- des saucisses végétales du commerce, pour une consommation occasionnelle.

De la viande panée ?
- du tofu, du seitan ou du tempeh pané ;
- des « steaks » de protéines de soja texturés panés ;
- des steaks de légumineuses panés, etc.

Des nuggets ?
- des nuggets de tofu (voir recette page 67), de tempeh ou de seitan ;
- des nuggets de pois chiches.

Du pâté ?
- du houmous (voir recette page 45) ;
- des tartinades végétales, de légumineuses ou d'oléagineux.

À VOUS DE JOUER !

Notez vos 3 plats préférés ci-dessous. Par quelles protéines végétales pourriez-vous remplacer la viande de vos 3 plats préférés ?

1 : ……………………………………

2 : ……………………………………

3 : ……………………………………

Jour 19
Apprendre à cuisiner les simili-carnés

Cruciaux en début de transition végétale, ils permettent de remplacer la viande sans frustration ! Nous avons néanmoins vu au JOUR 10 que leur composition était souvent médiocre. Aujourd'hui, nous verrons donc comment cuisiner vos 3 simili-carnés préférés en version fait maison !

DÉFI DU JOUR **SAVOIR CUISINER DES SUBSTITUTS À LA VIANDE FAITS MAISON**

J'APPRENDS À CUISINER MES SUBSTITUTS À LA VIANDE PRÉFÉRÉS

#1 Les steaks végétaux

Lorsque les légumineuses sont mixées puis grillées à la poêle, leur texture devient fondante à l'intérieur tout en étant croquante à l'extérieur, ce qui se rapproche des steaks à base de viande. Pour faire tenir vos steaks, mélangez les légumineuses à une céréale, ce sera parfait pour complémenter les protéines ! L'idéal est d'opter pour une proportion $^2/_3$ légumineuses et $^1/_3$ céréales. Enrober les steaks de farine ou de fécule permet d'absorber l'humidité et de mieux faire tenir le tout. Ne retournez pas les steaks trop vite : attendez qu'ils soient bien dorés. Prenez soin également de ne pas les faire trop gros, sinon ils risquent de casser à la cuisson. Dernier conseil : si vous avez du temps, vous pouvez laisser refroidir les steaks au moins 30 minutes au réfrigérateur afin d'améliorer leur tenue à la cuisson.

LA RECETTE À TESTER : « STEAKS » DE HARICOTS ROUGES À LA MEXICAINE

Digestibilité ★★★
Teneur en protéines : 7g/portion

Ingrédients (pour 2 petits « steaks ») :

- 125g de haricots rouges cuits
- 1 c. à soupe de concentré de tomate
- 2 c. à soupe de maïs bio
- 2 c. à soupe de fécule de maïs
- ½ oignon rouge
- 1 c. à café de paprika fumé
- 1 pincée de piment d'Espelette (facultatif)
- Sel et poivre
- 1 c. à soupe d'huile d'olive

Préparation :

- Lavez, égouttez puis mixez les haricots rouges et le concentré de tomate (vous pouvez simplement écraser les haricots rouges à la fourchette).
- Ajoutez l'oignon rouge haché finement, les grains de maïs, le paprika fumé et le piment d'Espelette. Poivrez, salez puis mélangez.
- Façonnez 2 steaks.
- Faites fondre l'huile d'olive sur une poêle chaude. Ajoutez les deux steaks puis faites cuire 10 minutes de chaque côté.
- Servez avec l'accompagnement de votre choix ou en burger. Bon appétit !

#2 Les nuggets végétaux

Il est possible de réaliser des nuggets végétaux et gourmands à base de **légumineuses**. Pour une texture encore plus proche de la «vraie» viande, vous pouvez essayer de cuisiner des nuggets à base de **protéines de soja texturées**, de **tempeh**, de **seitan** ou de **tofu** (voir recette ci-dessous). Ces trois derniers s'y prêtent très bien également et ont l'avantage d'être des aliments peu transformés.

ASTUCE

Pour encore plus de saveur, vous pouvez mélanger votre chapelure avec des épices.

LA RECETTE À TESTER : NUGGETS VÉGÉTAUX DE TOFU

Digestibilité ★★★★★

Teneur en protéines : 18g/portion

Ingrédients (pour 2 pers.) :

- 200g de tofu ferme nature
- 20g de farine de votre choix
- 10g de fécule de pommes de terre
- 2 c. à soupe de sauce soja salée
- 40ml d'eau
- 1/3 verre de chapelure
- 2 c. à soupe d'huile d'olive

Préparation :

- Coupez le tofu en bâtonnets de 1cm d'épaisseur, puis laissez-les égoutter sur un torchon propre pendant 30 minutes environ.
- Dans un bol, mélangez la farine, la fécule, la sauce soja et l'eau jusqu'à obtenir une texture homogène. La consistance devrait être assez épaisse.
- Placez les bâtonnets de tofu dans la marinade et laissez reposer 10-15 minutes.
- Versez la chapelure dans une assiette et faites chauffer une poêle avec l'huile d'olive.
- Enrobez chaque morceau de tofu dans la chapelure, puis faites dorer chaque côté pendant quelques minutes.
- Une fois cuits, placez les nuggets sur un torchon propre afin d'enlever l'excédent d'huile puis servez avec l'accompagnement de votre choix !

#3 Les boulettes végétales

Les boulettes végétales sont une excellente façon de remplacer la viande dans l'assiette. Aux légumineuses, au tofu, au tempeh (recette page 73) ou tout simplement aux légumes (dans ce cas-là, ils ne sont pas riches en protéines) : les possibilités sont nombreuses. Les boulettes végétales les plus connues sont de loin les **falafels** (boulettes de pois chiches) que je vous ai présentés au JOUR 15, un incontournable de la cuisine végétarienne. Vous trouverez ci-dessous comment les réaliser (version rapide à base de pois chiches en conserve) :

LA RECETTE À TESTER : FALAFELS AUX POIS CHICHES

Digestibilité ★★★★
Teneur en protéines : 14g/portion

Ingrédients (pour 8 falafels – 2 pers.) :

- 250g de pois chiches cuits
- ½ oignon
- 1 gousse d'ail
- ½ bouquet de persil plat
- 1 c. à soupe de pâte de sésame (tahini)
- 2 c. à soupe de farine de votre choix
- 4 c. à café de gomasio
- Épices : sel, cumin, sésame

Préparation :

- Lavez les pois chiches et le persil frais, puis séchez-les minutieusement avec un linge propre.
- Écrasez les pois chiches avec une fourchette.
- Dans un mixeur, ajoutez le persil, l'ail, l'oignon, la pâte de sésame et l'huile d'olive. Assaisonnez de cumin et de gomasio et mixez le tout en ajoutant les pois chiches petit à petit jusqu'à obtenir une pâte granuleuse.
- Préchauffez le four à 180 °C.
- Formez des boulettes en les roulant dans une assiette de farine.
- Placez-les sur une plaque de cuisson recouverte de papier sulfurisé, puis enfournez 15 minutes en les retournant à mi-cuisson.
- Lorsque les falafels sont cuits (vous pouvez en juger par leur couleur), laissez refroidir puis servez avec l'accompagnement de votre choix. Bon appétit !

Jour 20
S'organiser au quotidien pour manger mieux

L'organisation est la clé pour manger sainement. Au début des changements, le manque d'inspiration ou le manque de temps pour cuisiner peuvent être des freins importants. Aujourd'hui, je vous dévoile mes conseils pour vous organiser et manger plus sereinement.

DÉFI DU JOUR **S'ORGANISER DE MANIÈRE À INSÉRER PLUS SOUVENT LES PROTÉINES VÉGÉTALES DANS SON ASSIETTE**

L'ORGANISATION EST LA CLÉ !

Solution 1 : Planifier ses menus

Planifier ses repas permet de pallier le fameux « je-ne-sais-pas-quoi-manger-ce-soir » : vous ne perdrez plus de temps à chercher des idées de repas et vous êtes sûr(e) d'avoir ce qu'il faut dans le frigidaire.

Comment s'y prendre ?

1/ Sur une feuille, notez au moins 7 idées de repas.

2/ Faites une liste de courses à partir des menus établis, puis faites vos courses.

3/ Le jour J, vous piochez la recette qui vous donne le plus envie et vous cuisinez.

Pour que votre menu hebdomadaire soit équilibré, veillez à ce que chaque repas contienne au moins une source de protéines végétales, des légumes et un féculent, de préférence complet et non transformé (aidez-vous de la liste page 52).

Solution 2 : Le batch cooking

Le batch cooking consiste à préparer tous vos plats de la semaine en amont, pour vous libérer du temps.

Comment s'y prendre ? Deux solutions :

1/ Cuisiner chaque recette en avance pour n'avoir plus qu'à réchauffer.

2/ Préparer chaque aliment séparément et les assembler le moment venu.

Bien sûr, vous n'êtes pas obligé(e) de TOUT cuisiner à l'avance. Vous pouvez adapter selon vos envies ou utiliser cette seconde méthode pour cuisiner les aliments qui sont les plus longs/complexes à cuisiner.

LES ALIMENTS QU'IL EST BON DE PRÉPARER EN AMONT

#1 Les légumineuses : Aliments incontournables lorsqu'on décide de réduire la viande, leur temps de préparation peut décourager. Vous trouverez à la page suivante tout ce qu'il faut savoir pour gagner du temps.

#2 Les tartinades végétales : Je vous conseille de toujours avoir un houmous (recette page 45) ou une tartinade de haricots blancs dans votre frigo. Ils permettent de remplacer le beurre ou les fromages à tartiner, tout en augmentant nos apports en protéines végétales.

#3 Les boulettes et steaks végétaux : Ces derniers sont d'excellents substituts à la viande, surtout les faits maison. Pour optimiser votre temps en cuisine, n'hésitez pas à les réaliser en grandes quantités, quitte à les congeler !

#4 Les céréales complètes : Les restes de féculents permettent de réaliser d'autres recettes gourmandes : gratins, salades, plats sautés, etc. Il est également utile d'en avoir dans le frigo pour avoir de quoi accompagner un repas express. N'hésitez donc pas à toujours les cuisiner en double.

Au secours, je n'ai pas le temps de cuisiner les légumineuses !

La préparation des légumineuses n'est pas complexe mais chronophage, ce qui peut en décourager certains. Voici quelques astuces pour vous faire gagner du temps dans leur préparation !

#1 **Pensez aux légumes secs qui ne nécessitent pas de temps de trempage.** C'est le cas des lentilles ou encore des pois cassés, qui sont également très rapides à cuire. Ainsi, les lentilles corail, les lentilles jaunes ou encore les lentilles beluga nécessitent moins de 20 minutes de cuisson !

#2 **Cuisinez en double.** Pour gagner du temps en cuisine, n'hésitez pas à faire cuire des quantités plus importantes de légumineuses, quitte à les mettre au frigo ou à les congeler. Des légumes secs cuits peuvent être conservés 4 à 5 jours dans le frigo, voire jusqu'à 6 mois dans le congélateur.

#3 **L'astuce du trempage express**
Normalement, il est conseillé d'utiliser de l'eau froide pour le trempage des légumes secs. Il est cependant possible d'utiliser de l'eau chaude afin de réduire le temps de réhydratation. Comment faire ? Faites bouillir les légumineuses pendant 2 à 3 minutes. Retirez du feu, puis laissez tremper ainsi pendant 1 heure. N'oubliez pas ensuite de jeter l'eau de trempage pour la cuisson finale.

#4 **Utilisez une cocotte-minute**
Cette méthode permet de diminuer d'un tiers le temps de cuisson des légumineuses. Si vous ne tolérez pas les légumineuses, pensez simplement à respecter les 10 premières minutes de cuisson à découvert pour permettre l'évaporation des composés antinutritifs.

IMPORTANT

La cuisson sous pression est efficace pour réduire le temps de cuisson des légumineuses, cependant elle ne permet pas de dégrader correctement les sucres fermentescibles à l'origine des désagréments digestifs[1]. Si vous avez tendance à souffrir de gaz et de ballonnements après consommation de légumes secs, privilégiez les modes de cuisson traditionnels.

#5 **Optez pour des légumineuses en conserve.** Pensez à toujours avoir 2 ou 3 conserves de légumineuses dans vos placards pour les repas de « dernière minute ». Elles ont déjà été trempées et cuites, il vous suffit simplement de les réchauffer. Vous pouvez aussi les consommer froides. Veillez simplement à surveiller les étiquettes de vos conserves et choisissez celles qui n'ont pas de sel ou de sucre ajoutés.

1. C. Wieczorek, B. Sionek, W. Przybylski et al., « The influence of the culinary processing on the contents of the soluble carbohydrates in the seeds of leguminous plants », art. cit.

CONSOMMER DES LÉGUMINEUSES EN CONSERVE EST-IL SANS RISQUE ?

Si, du point de vue écologique, les conserves sont intéressantes car elles sont recyclables et recyclées à l'infini, certaines personnes s'inquiètent quant à la possibilité de migration des particules d'aluminium vers les aliments. Néanmoins, 99 % de l'aluminium ingéré est filtré par les reins puis excrété par les urines[1]. Consommer de temps en temps des aliments en conserve ne représente donc pas de risque (sauf chez les personnes ayant des maladies rénales). Rappelons également que les personnes souffrant d'hypertension devraient limiter leur consommation de légumineuses en conserve, car elles contiennent une quantité importante de sel utilisé comme conservateur.

COMMENT BIEN CONGELER SES LÉGUMINEUSES ?

- Il est important de laisser refroidir les légumineuses avant de les congeler. Pensez également à bien enlever l'air avant de refermer hermétiquement vos sachets.
- Congelez vos légumineuses par petites portions afin de les sortir au fur et à mesure de vos besoins et de limiter ainsi le gaspillage. Si vous utilisez des sachets de congélation[2], pensez à congeler les aliments à plat. Ils prendront moins de place et se décongèleront plus rapidement.
- N'hésitez pas à opter pour des contenants en verre, préférables pour éviter la migration des particules de plastique dans les aliments. Vous pouvez éventuellement utiliser vos plaques à muffins en silicone.

COMMENT LES DÉCONGELER CORRECTEMENT ?

- Évitez la décongélation au micro-ondes qui est assez énergivore et inégale.
- Si vous avez du temps devant vous, placez le contenant de légumineuses congelées dans la section la moins froide du réfrigérateur. Prévoyez environ 24 heures.
- Pour une méthode plus rapide, placez les légumineuses congelées dans un bol d'eau glacée afin de les démouler. Laissez-les reposer ainsi 10-15 minutes en veillant à changer l'eau si celle-ci tiédit. Ensuite, faites-les blanchir quelques minutes dans une casserole d'eau bouillante ou ajoutez-les directement dans vos plats mijotés.

---

1. M. Tabekhia, B.Luh, « Effect of germination, cooking and canning on phosphorus and phytate retention in dry beans », *Journal of Food Science* 2006. 45. 406 - 408. 10.1111/j.1365-26211980.tb02631.x.
2. On peut désormais trouver dans certaines boutiques ou sur Internet des sachets de congélation écoresponsables, par exemple en silicone (plus durable mais moins écologique) ou en tissu (plus écologique mais moins hermétique). Ces derniers ont l'avantage d'être réutilisables.

Jour 21
Essayer le tempeh

Autre alternative intéressante à la viande : le tempeh ! Cet aliment très répandu dans la cuisine indonésienne mérite qu'on lui laisse sa chance, ne serait-ce que pour sa teneur élevée en protéines végétales et ses nombreuses possibilités culinaires… du moins à qui ose se lancer !

DÉFI DU JOUR APPRENDRE À CUISINER LE TEMPEH

QU'EST-CE QUE LE TEMPEH ?

Le tempeh tient ses origines d'Indonésie où il serait consommé comme aliment de base depuis 2000 ans. Il est fabriqué à partir de fèves de soja qui sont conservées intactes, ce qui lui donne une forme de bloc compact ressemblant à du nougat. Le tempeh est fermenté grâce à des petites levures, ce qui lui donne un goût spécifique (un léger arrière-goût de champignons, de noix voire de fromage). Contrairement au tofu qui a un goût neutre, le tempeh apporte un **goût plus fort**. Il faut oser l'essayer en cuisine pour arriver à l'apprécier et surtout apprendre à le cuisiner !

LE TEMPEH COMME ALTERNATIVE À LA VIANDE

Le tempeh a une **composition similaire à celle du tofu**, à quelques détails près. Il apporte **plus de protéines**. Il est également **riche en fibres**, ce qui le rend plus rassasiant. Mais l'avantage principal du tempeh est sa **fermentation**, qui permet d'améliorer l'assimilation de ses nutriments ou encore ses nombreuses vitamines du groupe B. Enfin, le tempeh est également très riche en antioxydants protecteurs.

Composition nutritionnelle du tempeh

Calories (kcal/100 g)	157
Eau (g/100 g)	63,7
Protéines (g/100 g)	17,6
Glucides (g/100 g)	7,89
Lipides (g/100 g) • dont saturés (g/100 g)	4,7 0,57
Cholestérol	0,00
Fibres (g/100 g)	6,2
Calcium (mg/100 g)	88,0
Fer (mg/100 g)	1,7
Iode (µg/100 g)	< 20,00
Magnésium (mg/100 g)	60,0
Manganèse (mg/100 g)	1,3
Zinc (mg/100 g)	1,3
Vitamine B9 (µg/100 g)	38,5
Vitamine E (mg/100 g)	1,17

Source : Table nutritionnelle des aliments CIQUAL 2020.

COMMENT CUISINER LE TEMPEH?

Il existe de multiples façons de cuisiner le tempeh :

- le couper en fines lamelles ou en dés et le faire dorer à la poêle avec un peu d'huile et les épices de votre choix;
- le couper en lamelles ou en dés, le faire mariner dans la sauce de votre choix puis le faire sauter à la poêle;
- l'émietter/le hacher finement puis le faire mijoter dans les plats en sauce (sauce curry, sauce tomate, lait de coco...);
- le faire griller sur le barbecue avec des épices ou une marinade de votre choix;
- le faire cuire au four recouvert d'une marinade ou d'une sauce, etc.

L'ÉTAPE À NE PAS RATER

Si vous cuisinez le tempeh pour la première fois, je vous recommande fortement de ne pas rater une étape : la pré-cuisson à l'eau. En effet, faire bouillir le tempeh une dizaine de minutes dans une casserole d'eau bouillante permet de diminuer son amertume et de le rendre plus tendre. Par ailleurs, il se gorgera davantage de la marinade. Le faire cuire ensuite de la façon de votre choix vous permettra d'obtenir une texture digne de la cuisine indonésienne : fondante à l'intérieur et croquante à l'extérieur.

Si votre première expérience est un fiasco, n'hésitez pas à donner à cet aliment une seconde chance et/ou à essayer plusieurs marques (certains tempehs vendus dans le commerce sont plus fermentés que d'autres, et donc plus forts en goût).

OÙ EN ACHETER?

Moins répandu que le tofu, on peut toutefois le trouver de plus en plus facilement dans les rayons bio des supermarchés. Le cas échéant, on peut également le trouver en magasin bio ou dans les épiceries spécialisées dans la cuisine du monde, en particulier dans les épiceries asiatiques où le choix est plus diversifié.

LA RECETTE À TESTER : BOULETTES DE TEMPEH À L'ITALIENNE

Digestibilité ★★★★
Teneur en protéines : 15g/portion

Ingrédients (pour 8 boulettes/2 pers.) :

- 160g de tempeh nature
- 2 c. à soupe de purée de tomates
- 1 échalote
- 1 gousse d'ail
- 1 poignée de basilic frais
- Thym, sel, poivre

Préparation :

- Portez à ébullition une casserole d'eau puis ajoutez-y le tempeh. Baissez le feu et laissez cuire 10 minutes.
- Mixez le tempeh précuit et égoutté avec tous les ingrédients de la liste.
- Formez des boulettes.
- Dans une poêle chaude légèrement huilée, faites dorer les boulettes quelques minutes en veillant à les tourner de temps en temps. Servez chaud avec l'accompagnement de votre choix. Bon appétit!

Et le seitan alors ?

Le seitan est un substitut à la viande originaire de Chine. Sa composition est très proche de celle du tempeh, à la différence qu'il est fabriqué à partir de protéines de blé (et non de soja). Il convient donc aux personnes allergiques au soja, mais pas pour ceux qui sont intolérants au gluten. Côté cuisine, il se prépare de la même façon que le tempeh : n'hésitez donc pas à reproduire les recettes ci-dessous avec du seitan, si vous le souhaitez !

ASTUCE

Vous pouvez aussi réaliser cette recette avec du tempeh ou du tofu ferme nature.

COMPOSITION NUTRITIONNELLE DU SEITAN

Calories (kcal/100 g)	134	Calcium (mg/100 g)	20
Eau (g/100 g)	67,8	Fer (mg/100 g)	1,5
Protéines (g/100 g)	20,6	Iode (µg/100 g)	< 20
Glucides (g/100 g)	6,74	Magnésium (mg/100 g)	18
Lipides (g/100 g) • dont saturés (g/100 g)	2,5 0,38	Manganèse (mg/100 g) Zinc (mg/100 g)	0,61 1,2
Cholestérol	0,00	Vitamine B9 (µg/100 g)	14,7
Fibres (g/100 g)	0,9	Vitamine E (mg/100 g)	0,51

Source : Table nutritionnelle des aliments CIQUAL 2020.

LA RECETTE À TESTER : BROCHETTES DE SEITAN À LA SAUCE TERIYAKI

Digestibilité ★★★★★
Teneur en protéines : 19 g/portion

Ingrédients (pour 2 pers.) :
- 160 g de seitan nature
- 4 c. à soupe de sauce soja salée
- 2 c. à soupe de miel d'acacia
- 2 c. à soupe de vinaigre de riz
- 2 gousses d'ail
- 1 c. à soupe de fécule de maïs
- 1 c. à soupe d'eau

Préparation :
- Dans un grand bol, fouettez la fécule de maïs avec l'eau. Ajoutez la sauce soja, le miel, le vinaigre de riz ainsi que l'ail finement haché, mélangez.
- Coupez le seitan en cubes de petites tailles. Laissez reposer dans la marinade au moins 30 minutes.
- Piquez les dés sur une brochette.
- Sur une poêle chaude légèrement huilée, faites dorer les brochettes une dizaine de minutes de chaque côté. Servez chaud avec l'accompagnement de votre choix. Bon appétit !

Bilan de la semaine 3

Félicitations d'avoir été au bout de cette troisième semaine de défis. Vous pouvez être fier(e) de vous ! Qu'avez-vous appris cette semaine ?

Cochez les objectifs que vous avez réussi à atteindre :

Objectifs	Objectif complètement atteint	Objectif partiellement atteint	Objectif non atteint
JOUR 15 : Connaître et goûter les plats incontournables de la cuisine végétarienne			
JOUR 16 : Insérer des protéines végétales dans son alimentation avec les veggie bowls			
JOUR 17 : Apprendre à assaisonner son assiette de manière à retrouver ses saveurs préférées			
JOUR 18 : Apprendre à végétaliser ses plats préférés			
JOUR 19 : Savoir cuisiner des substituts à la viande faits maison			
JOUR 20 : S'organiser en cuisine pour insérer plus souvent les protéines végétales			
JOUR 21 : Apprendre à cuisiner le tempeh			
Bonus : Apprendre à cuisiner le seitan			

Ce qui vous a marqué cette semaine :

Votre plus grande fierté de la semaine :

Les éventuelles difficultés que vous avez rencontrées :

sem 4

Équilibrer son assiette sur le long terme

Jour 22
Faire le plein de fer sans viande

Les produits d'origine animale sont les aliments les plus riches en fer. Manquer de ce précieux nutriment soulève de profondes inquiétudes lorsqu'on décide de réduire la viande. Qu'en est-il vraiment ? En cette dernière semaine de programme axée sur l'équilibre alimentaire, faisons le point.

DÉFI DU JOUR CONNAÎTRE LES DIFFÉRENTES SOURCES DE FER VÉGÉTAL ET APPRENDRE À OPTIMISER SON ABSORPTION

LES DIFFÉRENTS RÔLES DU FER

- Le fer est un constituant de l'hémoglobine et de la myoglobine, sans laquelle nous ne pourrions pas **transporter l'oxygène** dans l'organisme ou encore la **stocker** dans les muscles.
- Il intervient dans les **défenses immunitaires** ou encore dans la **production de neurotransmetteurs** tels que la noradrénaline et la dopamine (responsable de l'attention ou encore la concentration).

Pour cette raison, les symptômes les plus récurrents d'un manque de fer sont la fatigue, les troubles de la concentration ou, dans les formes les plus sévères, une anémie.

À RETENIR

Les recommandations en fer sont de 9 mg par jour chez l'homme adulte et la femme ménopausée et 16 mg par jour chez la femme en âge de procréer.

LA VIANDE : UNE SOURCE INCONTESTÉE DE FER ?

Les produits d'origine animale figurent parmi les aliments les plus riches en fer. À titre d'exemple, le boudin contient en moyenne 20 mg de fer par 100 g, le foie 10 à 16 mg par 100 g et la viande rouge 2 à 4 mg pour 100 g. Mais **on le retrouve aussi dans les légumineuses, les céréales complètes, les oléagineux, les graines ou certains légumes verts et fruits séchés** (voir tableau en page suivante). Le fer y est certes présent en moindre quantité, mais il est disséminé dans un plus large choix de végétaux.

LE FER DES VÉGÉTAUX EST-IL MOINS BIEN ABSORBÉ ?

Le fer héminique, présent dans les produits d'origine animale, est absorbé à hauteur de 30 % tandis que le fer non héminique (présent dans les végétaux) l'est à hauteur de 10 % en moyenne. Il nous faut donc en consommer davantage pour couvrir nos besoins en ce précieux nutriment. Mais il faut savoir que le taux d'absorption du fer végétal est variable[1] : il dépend de la composition du reste de l'assiette. **Avec quelques astuces, il est donc possible d'optimiser l'absorption du fer.**

1. I. M. Zijp, O. Korver, L. B. Tijburg, « Effect of tea and other dietary factors on iron absorption », *Crit Rev Food Sci Nutr.* 2000 Sep; 40(5):371-98. doi : 10.1080/10408690091189194. PMID : 11029010.

5 ASTUCES POUR OPTIMISER SON ABSORPTION EN FER

- **ne pas oublier de tremper les légumineuses :** le trempage réduit les teneurs en anti-nutriments qui empêchent la bonne assimilation du fer ;
- **ajouter de la vitamine C au sein du repas :** les aliments riches en vitamine C favorisent l'absorption du fer ;
- **privilégier les aliments fermentés ou germés :** la fermentation et la germination augmentent l'assimilation des nutriments, dont le fer ;
- **mixer les aliments :** cela les rend plus digestes et donc mieux assimilables ;
- **et bien sûr, éviter au sein du même repas les aliments qui empêchent son absorption :** aliments riches en tanin ou en caféine.

LES SOURCES VÉGÉTALES DE FER

= à insérer plus souvent dans vos assiettes !

Aliment	Teneur en fer par 100 g
Légumineuses	
Farine de pois chiches	4,86 mg/100 g
Lentilles vertes, cuites	2,45 mg/100 g
Tofu ferme, nature	2,4 mg/100 g
Haricots rouges, cuits	2,3 mg/100 g
Haricots blancs, cuits	1,7 mg/100 g
Tempeh	1,7 mg/100 g
Pois chiches, cuits	1,3 mg/100 g
Céréales	
Flocons d'avoine	4,1 mg/100 g
Pain complet	2,1 mg/100 g
Amarante, cuite	2,1 mg/100 g
Quinoa, cuit	1,6 mg/100 g
Pain aux céréales	1,6 mg/100 g
Pain blanc	1,2 mg/100 g
Riz complet	0,8 mg/100 g
Graines de sarrasin, cuites	0,32 mg/100 g
Oléagineux	
Noix de cajou	5,4 mg/100 g
Amandes, avec peau	3,4 mg/100 g
Purée de cacahuète	1,92 mg/100 g
Cacahuètes	1,58 mg/100 g

Aliment	Teneur en fer par 100 g
Graines	
Graines de chia	7,72 mg/100 g
Purée de sésame	6,69 mg/100 g
Graines de sésame, décortiquées	6,36 mg/100 g
Graines de tournesol	4,9 mg/100 g
Légumes	
Tomates séchées	9,09 mg/100 g
Petits pois surgelés, cuits	1,52 mg/100 g
Épinards, cuits	1,3 mg/100 g
Chou kale, cuit	0,84 mg/100 g
Brocolis, cuits	0,58 mg/100 g
Fruits	
Raisins séchés	1,7 mg/100 g
Abricots séchés, dénoyautés	1,4 mg/100 g
Autres	
Cacao en poudre	48,5 mg/100 g
Chocolat noir min. 70 % de cacao	11 mg/100 g

Source : Table nutritionnelle des aliments CIQUAL 2020.

Jour 23
Et la B12, alors ?

L'alimentation végane est connue pour entraîner des carences en vitamine B12, ce qui justifierait la mise en place d'une supplémentation. 20 à 70 % des végétariens et 60 à 90 % des végétariens seraient carencés[1]. Afin de réduire la viande sans risque, je vous propose aujourd'hui de vous intéresser à cette précieuse vitamine, aussi appelée cobalamine.

DÉFI DU JOUR **SAVOIR QUAND SE SUPPLÉMENTER EN VITAMINE B12 POUR PRÉVENIR LES CARENCES**

PETIT COURS DE NUTRITION

Les rôles de la B12

- Elle est responsable du renouvellement des cellules et des tissus, de la synthèse de neurotransmetteurs ou encore de la synthèse de l'ADN.
- Essentielle au bon fonctionnement du système nerveux, elle permet d'agir sur la régénération des tissus nerveux endommagés et ainsi de préserver la dégénérescence neurologique liée à l'âge. Les recommandations en vitamine B12 sont de 2,4 µg par jour chez l'adulte.
- Elle aide à l'assimilation du fer.

Les différentes sources de B12

- Les fruits de mer, et notamment l'huître (28,6 µg/100 g cru).
- Le poisson (3,76 µg/100 g cuit).
- La viande (1,34 µg/100 g).
- Le lait (0,38 µg/100 ml).
- Les yaourts (0,28 µg/100 g).

Les faux amis

- **Les œufs :** leur source de vitamine B12 cinq fois moins assimilable que les autres produits d'origine animale[2].
- **Les algues végétales (spiruline) :** elles contiennent de la vitamine B12 sous une forme non active[3].

La vitamine B12 : cruciale chez les vegans… et les végétariens ?

Malgré nos réserves de vitamine B12 (très variables d'un individu à l'autre), la supplémentation est primordiale chez les végétariens dans la mesure où la vitamine ne se trouve que très peu dans les produits laitiers et les œufs. Chez les flexitariens, la supplémentation est à envisager selon la fréquence de consommation des viandes et poissons. Cependant, gardez en tête que de plus en plus de spécialistes de la nutrition recommandent une supplémentation systématique en B12 dès l'instauration de la réduction de la viande. Une autre option possible est de faire des bilans sanguins régulièrement afin d'évaluer la nécessité d'une supplémentation.

---

1. Herrmann W and co. Vitamin B-12 status, particularly holotranscobalamin II and methylmalonic acid concentrations, and hyperhomocysteinemia in vegetarians. Am J Clin Nutr. 2003.
2. F. Watanabe, « Vitamin B12 sources and bioavailability », *Exp Biol Med (Maywood)* 2007 Nov ; 232(10):1266-74. doi : 10.3181/0703-MR-67. PMID : 17959839.
3. P. C. Dagnelie, W. A. van Staveren, H. van den Berg, « Vitamin B-12 from algae appears not to be bioavailable », *Am J Clin Nutr.* 1991 Mar ; 53(3):695-7. doi : 10.1093/ajcn/53.3.695. Erratum in : Am J Clin Nutr 1991 Apr ; 53(4):988. PMID : 2000824.

Jour 24
Connaître les nutriments à surveiller

La réduction de viande est souvent associée à des risques de carences plus élevés en fer et en vitamine B12. En réalité, il existe d'autres nutriments qui mériteraient aussi d'être surveillés. Faisons le point !

DÉFI DU JOUR **CONNAÎTRE LES VITAMINES ET MINÉRAUX À SURVEILLER LORSQU'ON RÉDUIT LA VIANDE**

LES NUTRIMENTS À SUIVRE LORSQU'ON RÉDUIT LA VIANDE

#1 La vitamine B12 ★★★★★

Nous avons vu au JOUR 23 que la carence en B12 n'était pas spécifique aux végans. La supplémentation par voie orale est donc fortement conseillée si vous décidez de réduire significativement la viande ou arrêter d'en consommer à long terme.

#2 Le fer ★★★★

Les personnes ne consommant pas de viande ne sont pas forcément davantage concernées par les carences en fer. Les études montrent que la carence en fer touche une femme sur cinq, qu'elles soient végétaliennes ou non[1].

À RETENIR

Le fer est également présent dans les végétaux. Il est certes moins bien absorbé, mais il est tout à fait possible de couvrir ses besoins avec une alimentation bien planifiée. N'hésitez pas à relire le JOUR 22 pour savoir comment améliorer votre assimilation au quotidien.

#3 Le zinc ★★★

Le zinc est un nutriment essentiel au renouvellement des cellules, à la cicatrisation et au bon fonctionnement du système immunitaire. Il est abondant dans la viande et les produits d'origine animale (huîtres, œufs, poissons…). Il est certes présent en moindres quantités dans les végétaux et est moins bien assimilable, mais il est possible de couvrir ses apports en veillant à insérer quotidiennement des sources végétales de zinc et en les associant avec des légumes ou des fruits, riches en acides organiques qui augmentent son absorption.

À RETENIR

Les sources de zinc sont **les légumineuses, le tofu ou tempeh, les céréales complètes, les oléagineux, les graines, les algues, les flocons d'avoine et la levure alimentaire.**

#4 Le sélénium ★★★

Le sélénium est un antioxydant indispensable au fonctionnement de notre système immunitaire et thyroïdien. Comme le zinc, il est majoritairement présent dans les produits animaux (et surtout dans les abats et les poissons gras) où il est mieux assimilable.

1. Saunders AV, Craig WJ, Baines SK, Posen JS. Iron and vegetarian diets. Med J Aust. 2013 Aug 19;199(S4):S11-6. doi: 10.5694/mja11.11494. PMID: 25369923.

À RETENIR

On peut trouver du sélénium dans **le jaune d'œuf, les algues, les oléagineux, les graines et en moindre quantité dans les céréales complètes ou certaines légumineuses.**

BONUS : LES NUTRIMENTS À SUIVRE LORSQU'ON RÉDUIT LE POISSON

#1 Les oméga-3 ★★★★

Les poissons sont la principale source d'oméga-3, un nutriment nécessaire au développement et au fonctionnement de la rétine, du cerveau et du système nerveux. Cet **acide gras essentiel qu'il est indispensable de se procurer par l'alimentation** est également présent dans les produits végétaux comme certaines huiles végétales (de lin ou de colza), oléagineux (noix) et graines (graines de lin moulues, graines de chia). Attention à ne pas cuire les huiles riches en oméga-3 car elles s'abîment à la cuisson.

À RETENIR

Une cuillère à café d'huile de lin ou trois cuillères à soupe d'huile de colza ou de noix suffisent pour couvrir nos besoins journaliers en oméga-3.

#2 L'iode ★★★

L'iode est essentiel au fonctionnement de la glande thyroïde, qui est impliquée dans de nombreuses fonctions de l'organisme. **Les déficits en iode sont fréquents quel que soit le régime alimentaire.** Une carence entraîne chez l'adulte des dysfonctionnements thyroïdiens et ce, particulièrement chez les personnes consommant beaucoup de produits à base de soja, car ce **dernier perturbe l'assimilation de l'iode.**

Si vous consommez régulièrement du soja, veillez particulièrement à vos apports en iode.

À RETENIR

L'iode est présent dans les poissons, les fruits de mer, les œufs ou encore les produits laitiers. Côté végétal, on le trouve aussi dans le **sel enrichi en iode** ou encore les **algues d'origine marine** (kombu, wakamé, nori, dulse, agar...) dont 1 à 2 grammes suffisent pour couvrir nos besoins journaliers.

MÉMO : LES AUTRES NUTRIMENTS INDISPENSABLES À NOTRE ORGANISME

- Les **vitamines C, K et A** sont faciles à couvrir : on les retrouve en abondance dans les fruits et légumes.
- La **vitamine D** fait partie des rares vitamines impossibles à couvrir par l'alimentation ! Si vous vivez dans un pays à faible ensoleillement, il est fortement conseillé de vous supplémenter d'octobre à avril.
- La **vitamine E** est très rare dans l'alimentation, mais on la trouve dans certaines huiles (d'olive, de noisette...), les oléagineux et les graines.
- Les **vitamines du groupe B** se trouvent en abondance dans les céréales complète, les oléagineux, les graines et la levure alimentaire.
- Le **calcium** : Si vous ne consommez pas ou peu de produits laitiers, choisissez des alternatives végétales enrichies en calcium et consommez des légumes riches en calcium végétal, comme les légumes à feuilles (brocoli, épinards...) ou les crucifères (choux).
- Le **magnésium** manque cruellement dans l'alimentation d'une grande majorité de la population. Consommez des aliments riches en magnésium (chocolat noir, oléagineux et graines...), mais veillez également à votre niveau de stress, qui augmente les besoins en ce nutriment.

Jour 25
Enrichir son assiette en bonnes choses

Une façon simple de couvrir les besoins en nutriments évoqués au JOUR 24 est de manger le plus varié possible. Voici 7 aliments particulièrement denses au niveau nutritionnel que je vous recommande d'insérer au sein de votre assiette pour l'enrichir en bonnes choses.

DÉFI DU JOUR **MANGER VARIÉ**

7 SUPER-ALIMENTS À INSÉRER PLUS SOUVENT DANS VOS ASSIETTES

#1 Les oléagineux

Les fruits oléagineux ont de nombreux atouts : ils contiennent des quantités intéressantes de zinc, de calcium, de vitamine E, voire de fer et de certaines vitamines du groupe B. Ils apportent certes des graisses en quantité importante (50 à 70 %), cependant il s'agit de graisses bénéfiques sur le plan cardiovasculaire. Certains contiennent des oméga-3 dont on a tendance à manquer.

Comment les consommer ? À parsemer sur vos salades ou plats, à ajouter dans votre bol du petit déjeuner ou à consommer tel quel comme en-cas !

Exemples d'oléagineux intéressants : noix et noix de pécan (riches en oméga-3), amandes (particulièrement riches en calcium), cacahuètes (vitamine E).

#2 Les graines

Très riches en protéines, elles sont également une source intéressante de fibres, de minéraux : magnésium (lin, tournesol, sésame, chia), calcium et zinc (pavot, sésame) ou encore de certaines vitamines (du groupe B, notamment). **Privilégiez**

BON À SAVOIR

Les graines de lin contiennent une enveloppe particulière que notre système digestif ne sait pas digérer. Il est donc indispensable de toujours les moudre, broyer ou écraser avant de les consommer.

LA RECETTE À TESTER : SAUCE ASIATIQUE À LA PURÉE DE CACAHUÈTES

Digestibilité ★★★★★
Teneur en protéines : 9 g/portion

Ingrédients (pour 2 pers.) :

- 4 c. à soupe de purée de cacahuètes
- 2 c. à soupe de sauce soja salée
- Le jus d'un citron vert
- 2 cm de gingembre frais
- 1 c. à café de purée de piment (facultatif)

Préparation :

- Diluez la purée de cacahuètes dans 200 ml d'eau chaude.
- Ajoutez la sauce soja salée, le jus de citron, le gingembre finement haché, et éventuellement un peu de purée de piment. Mélangez le tout.
- Faites chauffer quelques minutes jusqu'à ce que la sauce épaississe, puis servez avec des nouilles ou légumes sautés par exemple.

scelles riches en oméga-3, comme les graines de lin, de chia ou de courge.

#3 Les agrumes

Les agrumes font partie des fruits les plus riches en vitamine C. Or, **l'ajout de vitamine C favorise l'absorption de fer ou encore de zinc, deux nutriments à surveiller lorsqu'on réduit la viande.**

MON CONSEIL

Pensez à toujours avoir dans votre frigo un agrume à presser sur votre assiette, à utiliser en vinaigrette ou à consommer à la fin du repas. Pensez également aux fruits ou aux légumes (à condition de ne pas trop les cuire, car la vitamine C est très fragile).

#4 Les graines germées

La germination permet d'augmenter la digestibilité des nutriments. **Protéines, fer ou encore zinc sont ainsi mieux absorbés.**
Où en trouver? Vous pouvez les faire germer vous-même en quelques jours ou les acheter prêtes à consommer dans certains rayons frais.
Comment les consommer? Ajoutez-en une poignée dans vos salades, sandwichs ou encore sur vos tartines. Les graines germées se consomment crues.

#5 Les aliments fermentés

Ils sont riches en bactéries amicales qui maintiennent le bon équilibre de notre flore intestinale. La fermentation améliore la disponibilité des minéraux et notamment celle du fer végétal qui est alors mieux assimilé. N'hésitez pas à intégrer les légumes fermentés (choucroute, kimchi, etc.) plus souvent au sein de votre assiette. Pensez aussi au tofu ou tempeh fermenté si vous aimez ça.

Attention : les boissons fermentées (type Kombucha) sont enrichies en sucre ou en édulcorants et donc moins intéressantes.

#6 Les champignons séchés

Ils offrent les atouts des champignons frais, et sont plus concentrés en nutriments. Plus riches en protéines, ils figurent parmi les seuls végétaux capables de fabriquer de la vitamine D! Ils sont également riches en sélénium ou encore en zinc.
Le champignon séché à avoir dans son placard : le shiitaké. Ce champignon japonais est deux fois plus riche en protéines que le champignon de Paris et, lorsqu'on le cuit dans de l'eau, on peut en faire de délicieux bouillons.

#7 Les algues

Les algues apportent jusqu'à 30 % de leur poids sec en protéines, mais ce n'est pas leur seul atout! Elles sont aussi riches en fer, en sélénium, en calcium ou encore en magnésium. Lorsqu'elles sont d'origine marine, elles sont riches en iode et en oméga-3. Certaines algues, comme le nori utilisé dans la fabrication de makis, constituent une des rares sources végétales de vitamine B12[1]. Raison de plus d'essayer de les apprivoiser!
Où en trouver? En magasins bio ou dans les supermarchés asiatiques.
Comment les cuisiner? N'hésitez pas à vous inspirer de la cuisine japonaise ou asiatique. Pensez par exemple aux makis de légumes ou à la soupe miso.

Pour composer votre assiette plus équilibrée et plus variée, pensez aux veggie bowls (voir JOUR 16)!

1. Watanabe, Fumio et al., «Vitamin B12-containing plant food sources for vegetarians», *Nutrients* vol. 6,5 1861-73. 5 May. 2014, doi : 10.3390/nu6051861

Jour 26
Revoir son petit déjeuner pour mieux équilibrer sa journée

Lorsqu'on souhaite réduire sa consommation de viande, on ne pense pas toujours à revoir son petit déjeuner. Pourtant, notre petit déjeuner traditionnel a tendance à être riche en glucides, pauvre en nutriments (et donc en protéines ou encore en fer). Voici quelques astuces pour composer un petit déjeuner équilibré qui garantit la couverture de nos divers besoins de flexitariens/végétariens débutants.

DÉFI DU JOUR **MIEUX COMPOSER SON PETIT DÉJEUNER POUR COMMENCER LA JOURNÉE DU BON PIED**

ESSAYER LE PETIT DÉJEUNER SALÉ POUR FAIRE LE PLEIN DE BONNES CHOSES !

Le principal intérêt du petit déjeuner salé, lorsqu'on réduit la viande, est l'ajout de protéines végétales, ce qui aura pour avantage de réduire l'index glycémique du repas ou encore d'augmenter la satiété.

MES CONSEILS POUR UN PETIT DÉJEUNER ÉQUILIBRÉ ET NUTRITIF

- Privilégiez autant que possible les **pains complets ou aux céréales** dont l'absorption en fer ou encore en zinc est meilleure.
- **Scrutez l'ajout de sucre** dans vos mueslis, granolas et céréales du petit déjeuner. Préférez-les sans sucre ajouté et, pourquoi pas, essayez les flocons d'avoine nature – riches en protéines ou encore en fer végétal.
- Si vous aimez les pancakes, gaufres ou crêpes, prenez soin de choisir des **farines complètes ou à base de légumineuses** : elles sont plus riches en fer, en protéines végétales tout en étant plus digestes que les légumineuses elles-mêmes.
- Ajoutez une **petite poignée d'oléagineux** (noisettes, amandes...) **ou de graines** (courge, lin, tournesol... pour la version salée) afin d'enrichir votre assiette matinale en divers minéraux, voire en oméga-3.
- Remplacez la confiture, riche en sucres, par de la **purée de cacahuètes ou d'amandes**, riche en protéines et en divers nutriments.
- Pour une touche gourmande, préférez l'ajout de **cacao sans sucre ajouté** ou de **chocolat noir** – riche en fer et en magnésium. L'ajout de **fruits frais ou séchés** permet également de sucrer naturellement votre petit déjeuner.
- Pour les versions salées, pensez au **houmous** ou aux **tartinades de légumineuses** qui ont bien plus à nous offrir au niveau nutritionnel que le beurre.
- Pensez également aux aliments comme le **tofu soyeux** qui remplace parfaitement l'œuf (ex. : shakshuka au tofu, tofu brouillé...), mais aussi le lait dans les porridges ou mueslis notamment.

À vous de jouer !

QUELQUES IDÉES DE PETIT DÉJEUNER RICHES EN PROTÉINES VÉGÉTALES

Petits déjeuners sucrés	Petits-déjeuners salés
• Gaufres à la farine de pois chiches + purée de cacahuète + banane • Toasts de pain aux céréales + purée d'amande + fraises + noix de coco • Porridge de flocons d'avoine aux fruits rouges et aux amandes • Porridge de graines de chia à la compote de mangues • Pancakes à la farine de pois chiches, fromage blanc, compote de pomme et amandes effilées • …	• Gaufres à la farine de pois chiches + guacamole + graines germées • Toasts de pain complet + houmous + concombre + graines de lin moulues • Pancakes à la farine de pois chiches et aux épinards • Shakshuka au tofu • Tofu brouillé • …

LA RECETTE À TESTER : PORRIDGE DE QUINOA, CHOCOLAT ET BANANE

Digestibilité ★★★★★

Teneur en protéines : 15g/portion

Ingrédients (pour 1 pers.) :

- 3 c. à soupe de flocons d'avoine
- 30g de quinoa cru
- 150ml de lait de soja enrichi en calcium
- 1 c. à café de cacao en poudre
- 1 c. à café de sucre complet
- 1 c. à soupe de pâte à tartiner (facultatif)
- ½ banane

Préparation :

- Dans une casserole, mélangez le cacao et le sucre. Versez petit à petit la boisson végétale, puis ajoutez le quinoa ainsi que les flocons d'avoine.
- Portez à ébullition, puis couvrez et laissez cuire à couvert pendant 10 minutes.
- Ajoutez la pâte à tartiner, mélangez puis retirez du feu. Placez dans un bol, puis laissez refroidir quelques minutes le temps que la préparation épaississe. Servez tiède avec la banane coupée en rondelles. Bon appétit !

LA RECETTE À TESTER : TOFU BROUILLÉ AUX TOMATES

Digestibilité ★★★★★

Teneur en protéines : 13g/portion

Ingrédients (pour 2 pers) :

- 60g de tofu ferme nature
- 1 c. à soupe d'huile d'olive
- 2 grandes tomates
- 1 c. à soupe de sauce soja salée
- Ciboulette (à volonté)
- Poivre

Préparation :

- Dans une poêle chaude préalablement huilée, émiettez finement le tofu, poivrez, et faites revenir rapidement. Une fois le tofu légèrement doré, le sortir et réserver.
- Dans la même poêle, faites revenir cette fois-ci les tomates coupées en morceaux.
- Une fois que les tomates ont rendu leur jus, ajoutez à nouveau le tofu, la ciboulette finement ciselée, puis faites revenir le tout.
- Ajoutez la sauce soja, rectifiez l'assaisonnement en poivre et servez tel quel ou avec du pain complet. Bon appétit !

Jour 27
Gérer les critiques de son entourage

Un des principaux freins lorsqu'on réduit sa consommation de viande peut être... notre entourage, et les critiques ou moqueries qui peuvent nous décourager. Aujourd'hui, nous allons voir comment réagir aux différents commentaires de vos proches.

DÉFI DU JOUR **APPRENDRE À GÉRER LES CRITIQUES DE VOS PROCHES**

COMMENT RÉAGIR FACE AUX CRITIQUES DE SON ENTOURAGE?

#1 Mesurer le degré de réceptivité de son interlocuteur
Soyons honnête : **il est difficile de convaincre quelqu'un qui est fermé à la discussion**. Par ailleurs, **vous n'êtes pas obligé de justifier vos choix alimentaires auprès de tout le monde**. Un simple «pour raisons personnelles» suffira pour faire comprendre que votre décision est mûrement réfléchie.

#2 Repérer son centre d'intérêt
Le meilleur moyen de convaincre n'est pas de convaincre, mais de donner à réfléchir.
Vos arguments auront de l'impact s'ils touchent votre interlocuteur personnellement :

- Il est passionné de santé? Parlez-lui des études réalisées sur l'impact du végétarisme sur la santé (voir page 13).
- Il est féru de sport? Donnez-lui des exemples de sportifs de haut niveau végétaliens, comme Mike Tyson (boxe), Serena Williams (tennis) ou Lewis Hamilton (Formule 1).
- Il est sensible à la cause animale? Expliquez-lui les conditions d'élevage désastreuses de ce qui se retrouve dans son assiette.
- Il veut perdre du poids? Mentionnez-lui les études réalisées sur l'impact positif du régime végétarien sur le risque de surpoids et d'obésité.

#3 Faire jouer le temps...
Si une personne n'est pas réceptive à vos arguments, c'est peut-être qu'elle n'est pas prête à les entendre! Vous trouverez certainement dans votre entourage des exemples d'anciens amis «viandards» qui ont fait le choix récemment de réduire la viande à la suite d'une prise de conscience fortuite.

#4 Identifier l'origine des inquiétudes de vos proches
Les reproches de votre entourage sont la plupart du temps **le reflet d'une peur** : que vous ayez une carence ou que vous soyez malade! N'hésitez pas à **demander à votre interlocuteur la raison de ses inquiétudes.** Vous pourrez alors le rassurer et lui prouver que vous maîtrisez la situation.

LA PRINCIPALE CAUSE DES INQUIÉTUDES DE NOS PROCHES...

Dans la majorité des cas, il s'agit d'inquiétudes liées à la santé. N'hésitez pas à citer le nombre croissant d'études sur les bienfaits de l'alimentation végétale ou les positions des institutions internationales, comme l'Academy of Nutrition and Dietetics (la plus grande association de professionnels de la nutrition) en faveur de l'alimentation végétale.

Le Top 10 des idées reçues sur l'alimentation végétale

«Mais tu vas manquer de protéines!»

FAUX. Les protéines se trouvent aussi dans les produits végétaux (voir JOUR 1). En mangeant varié et équilibré, il est donc très facile de couvrir ses apports en protéines.

«Mais les protéines végétales ne sont pas complètes!»

VRAI ET FAUX. Les protéines animales ont pour avantage d'être complètes. Si les protéines végétales ne le sont pas, il faut rappeler que tous les acides aminés essentiels sont bien présents dans les produits végétaux. Heureusement, l'organisme humain a la capacité de fabriquer une protéine complète à partir de tout ce qu'on mange, à condition de manger suffisamment varié et/ou d'appliquer le principe de complémentarité des protéines (voir JOURS 2 et 3).

«Mais il faut que tu manges de la viande pour être en bonne santé!»

FAUX. Réduire ou supprimer la viande et les protéines animales n'entrave pas la santé. De nombreuses études ont prouvé qu'une alimentation végétarienne permettait au contraire d'être en meilleure santé (voir page 13).

«Mais tu vas avoir une carence en B12!»

VRAI et FAUX. La carence en vitamine B12 est effectivement un risque majeur lorsqu'on décide de réduire ou remplacer la viande (voir au JOUR 23), mais c'est aussi un risque qu'on accepte et qu'on essaie de prévenir en amont en optant pour la supplémentation. Mais la carence en B12 peut aussi toucher les «omnivores» (les personnes âgées, par exemple, qui assimilent moins bien la vitamine).

«Mais tu vas manquer de fer!»

VRAI ET FAUX. Les personnes végétariennes et véganes doivent veiller à couvrir leurs besoins en fer... mais les personnes «omnivores» aussi. Dans tous les cas, il est possible de couvrir ses apports en fer avec les végétaux : en optant pour ceux riches en fer et en suivant quelques astuces simples pour augmenter l'assimilation du fer végétal (voir JOUR 24).

«Mais tu vas être faible si tu n'en manges pas!»

FAUX. De nombreux sportifs de haut niveau sont végétariens, voire végétaliens. C'est le cas de Serena William (tennis), Mike Tyson (boxe) ou encore de Carl Lewis (athlétisme). Leurs exploits sportifs sont la preuve que la suppression totale de protéines animales n'est pas un frein à la forme physique ou aux performances sportives.

« Mais tu vas maigrir si tu arrêtes la viande ! »

VRAI ET FAUX. L'alimentation végétale est associée à un meilleur Indice de masse corporelle (IMC). Cela pousse de nombreuses personnes à suivre un régime sans viande dans l'objectif de perdre du poids. Mais la perte de poids possible est principalement expliquée par le fait que **la réduction de viande est généralement associée à une consommation plus élevée de produits frais et bruts (fruits, légumes) ou encore de produits complets (légumineuses, céréales complètes), réputés comme des aliments santé bons pour le poids**. La perte de poids n'est pas possible si la réduction ou l'arrêt de la viande ne s'accompagne pas de ces changements alimentaires majeurs.

« Bah oui, tu suis la mode ! »

FAUX. La majorité des personnes qui vont au bout d'un régime végétarien le font par conviction personnelle (éthique, environnementale ou religieuse) et non par phénomène de mode. De plus en plus d'études mettent en avant les bienfaits d'une alimentation végétarienne (sur la santé, le bien-être animal ou encore la planète), ce qui pousse les gens à s'interroger sur la meilleure façon de s'alimenter.

« Mais l'humain a toujours été carnivore, depuis le temps des cavernes ! »

FAUX. L'humain n'a jamais été carnivore, mais plutôt opportuniste. Nos ancêtres profitaient de la chasse quand ils le pouvaient, et des poissons si leur provenance géographique le permettait. Mais leur alimentation a toujours été majoritairement basée sur la consommation de céréales et de végétaux. Si la viande était consommée occasionnellement pendant longtemps, la révolution agricole du XVIIIe siècle a démocratisé sa consommation. Consommation qui explose, après l'essor de l'élevage industriel dans les années 1970. Bien que la consommation moyenne ait légèrement reculé aujourd'hui à la suite de prises de conscience, ces chiffres montrent à quel point la consommation régulière et en grande quantité de viande est relativement récente dans l'histoire de l'humanité.

« C'est un truc de bobo ! »

FAUX. Dans les pays développés comme la France, les statistiques montrent que l'alimentation végétarienne est plus fréquente au sein des populations aisées (ce qui s'expliquerait par un meilleur accès à l'information des classes supérieures et moyennes)[1]. Dans les pays défavorisés, la tendance est inverse : la consommation de viande est liée à un statut social plus élevé où la viande est encore associée à un symbole de réussite et de haut pouvoir d'achat. Dans d'autres pays encore, le végétarisme est un choix religieux et touche toutes les classes sociales.

À VOUS DE JOUER !

Quelle est la réaction que vous entendez le plus souvent depuis que vous avez décidé de réduire la viande ? Comment pourriez-vous y répondre ? Notez vos idées ci-dessous !

La réaction la plus fréquente :

....

....

....

....

Ma contre-attaque :

....

....

....

....

1. Dr J.-P. Curtay, V. Magnin, *Moins de viande*, éditions Solar, 2018.

Jour 28
Manger moins, mais mieux

Nous voilà au dernier jour du programme ! Ce moment crucial où vous allez décider de votre sort après la fermeture de ce livre : allez-vous poursuivre une alimentation sans viande, reprendre votre alimentation d'avant ou trouver un nouvel équilibre ? Si vous ne souhaitez pas écarter complètement la viande, il m'est indispensable de vous rappeler l'importance de mieux la choisir.

DÉFI DU JOUR **MIEUX CHOISIR SA VIANDE**

COMMENT MIEUX CHOISIR SA VIANDE ?

#1 Mieux choisir le type de viande
Les viandes à éviter impérativement :

- Les **viandes transformées** (cordon-bleu, hot-dog, nuggets, viande séchée ou fumée, charcuteries...) ont été **officiellement classées « cancérogènes » pour l'homme** par le CIRC (Centre international de recherche sur le cancer) et par l'OMS (Organisation mondiale de la santé)[1]. Il convient de les éviter. Pour une consommation exceptionnelle de charcuteries, choisissez-les impérativement sans nitrites (= additif suspecté cancérigène).
- La **viande rouge** (le bœuf, le veau, le porc, l'agneau, le mouton, le cheval et la chèvre) a été classée **« probablement cancérogène » pour l'homme** (au même titre que le glyphosate, l'herbicide le plus controversé). Il est donc également vivement recommandé de la limiter.

#2 Mieux choisir la qualité de la viande
Si le type de viande est crucial, son origine/sa qualité l'est tout aussi. Voici quelques conseils pour mieux choisir :

- **Privilégiez les viandes bio ou labellisées.** La réglementation des viandes bio permet avant tout la réduction de l'usage des divers polluants (pesticides, médicaments...) et un **meilleur respect de l'environnement et de notre santé**. C'est également un petit pas en avant pour l'amélioration des conditions d'élevage. Une autre possibilité est d'**opter pour les viandes labellisées** (Label Rouge ou AOC) : ces dernières offrent un cadre de réglementation strict et des conditions d'élevage meilleures en comparaison avec les viandes conventionnelles.
- **Si vous le pouvez, achetez vos viandes en circuit court, voire en direct auprès des fermes locales.** Ces dernières sont généralement plus sensibles à la cause animale. L'achat en direct permet aussi d'acheter local et de limiter son empreinte carbone, ou encore d'avoir plus de transparence sur les viandes que vous achetez. Pour trouver l'éleveur le plus proche de chez vous, Internet constitue un outil très efficace.

1. OMS, « Cancérogénicité de la consommation de viande rouge et de viande transformée », article disponible sur https://www.who.int/features/qa/cancer-red-meat/fr.

Et si je ne tolère toujours pas les légumineuses ?

L'IMPORTANCE D'UNE BONNE HYDRATATION

Les légumineuses contiennent une grande quantité de fibres. Si l'hydratation est insuffisante, ces fibres vont stagner et ralentir le transit, au risque de constiper et de générer des désagréments. Si vous réduisez la viande au profit d'une alimentation plus riche en légumineuses et en fibres, pensez donc à veiller particulièrement à votre hydratation.

VEILLEZ AU RESTE DE L'ASSIETTE

C'est logique : consommer des haricots rouges accompagnés de chou-fleur, d'ail et d'oignons au sein du même repas n'est pas une bonne idée, surtout si vous souffrez déjà de ballonnements ou de gaz! Ils risquent d'intensifier vos désagréments digestifs. La différence entre ces 3 aliments? Ce sont des FODMAP.

LÉGUMINEUSES ET FODMAP

En effet, si, malgré une insertion progressive, vous ne tolérez toujours pas les légumineuses, il peut être utile de retenter en prenant soin d'éviter de les accompagner d'aliments riches en FODMAP.
Le terme FODMAP est un acronyme utilisé pour désigner les aliments riches en glucides «fermentescibles», c'est-à-dire en glucides qui ne sont pas (ou très mal) absorbés et qui deviennent des substrats pour notre flore intestinale. Chez certaines personnes, leur accumulation excessive peut générer des ballonnements, des gaz ou des douleurs abdominales. Le régime pauvre en FODMAP a été créé en pensant aux gens souffrant du syndrome du côlon irritable, mais il peut être utilisé en cas de transition végétale afin d'améliorer la tolérance des légumineuses. Vous trouverez la liste de ces aliments à la page suivante.

LES SOLUTIONS ALTERNATIVES

#1 **Les enzymes digestives**
Des compléments alimentaires existent pour vous aider à mieux digérer les légumineuses. Si la lactase est indispensable pour digérer le lactose, l'alpha-galactosidase permet de digérer les oligosaccharides (les fameux sucres fermentescibles de légumineuses). Se supplémenter en cette enzyme permet de réduire significativement les désagréments.

#2 **La consultation avec un spécialiste**
Si les problèmes gastro-intestinaux persistent ou empirent avec l'insertion de légumineuses, consultez un médecin pour une prise en charge personnalisée.

Liste des aliments FODMAP

	Riches en FODMAP	Pauvres en FODMAP
Produits céréaliers	Produits à base de blé (biscuits, couscous, farine, pain, pâtes) Produits à base de seigle (farine, pain) et d'orge	Produits à base d'amarante, avoine, maïs, millet, quinoa, riz, sarrasin, tapioca
Légumes	Ail Artichaut Asperge Champignons Chou-fleur Oignon (toutes sortes) Poireau Pois mange-tout Topinambour	Aubergine Bette Bok choy Brocoli* Carotte Céleri* Châtaigne Chou chinois* Chou de Bruxelles* Cœur de Palmier Concombre Courges (sauf courge musquée) Épinard Gingembre Haricots verts/jaunes Laitue Panais Patate douce* Pois verts* Poivrons doux Pomme de terre Radis Rutabaga Navet Tomate

	Riches en FODMAP	Pauvres en FODMAP
Fruits	Abricot Cerise Figue Kaki Mangue Melon d'eau Mûre Nectarine Pêche Poire Pomme Prune	Agrumes Ananas Banane Bleuets Fraises Framboises
Graines & noix	Noix de cajou Pistache	Toutes les autres
Produits laitiers	Crème glacée Fromages à pâte molle (mascarpone, ricotta) Kéfir Lait de vache et yaourts Alternatives au soja	Fromages à pâte ferme Lait et yaourt sans lactose Alternatives à l'amande ou à la noix de coco
Produits sucrés	Confiture Miel	
Boissons	Cidre Jus de fruits	Eau plate Café (avec modération) Thé Tisane

*à consommer avec modération

Bilan de la semaine 4

Bravo, vous l'avez fait ! Vous avez terminé les 4 semaines de programme que je vous ai concocté. J'espère que vous avez appris plein de choses. Faisons le point sur cette dernière semaine :

Cochez les objectifs que vous avez réussi à atteindre :

Objectifs	Objectif complètement atteint	Objectif partiellement atteint	Objectif non atteint
JOUR 22 : Connaître les différentes sources de fer végétal et apprendre à optimiser son absorption			
JOUR 23 : Savoir quand se supplémenter en vitamine B12 pour prévenir les carences			
JOUR 24 : Connaître les vitamines et minéraux à surveiller lorsqu'on réduit la viande			
JOUR 25 : Savoir enrichir son assiette en bonnes choses			
JOUR 26 : Mieux composer son petit déjeuner pour commencer la journée du bon pied			
JOUR 27 : Gérer les critiques de son entourage			
JOUR 28 : Apprendre à mieux choisir la viande			

Ce qui vous a marqué cette semaine :

Votre plus grande fierté de la semaine :

Les éventuelles difficultés que vous avez rencontrées :

Bilan de fin de programme

Les 4 semaines de défis sans viande touchent à leur fin. C'est l'heure du grand bilan ! Comment avez-vous vécu ces 28 jours de programme ? Quelles sont vos sensations aujourd'hui ? Mais surtout, quelles résolutions comptez-vous tenir ? Faisons le point ensemble.

COMMENT JE ME SENS APRÈS CES 4 SEMAINES :

....

....

....

....

LES OBJECTIFS QUE J'AI ATTEINTS :

- ☐ Je suis en meilleure santé.
- ☐ J'ai réussi à limiter la souffrance animale (vous pouvez noter ici le nombre de repas sans viande que vous avez réussi à mettre en place depuis le JOUR 1 : .... morceaux de viande épargnés).
- ☐ J'ai pris un peu plus soin de la planète.
- ☐ Je me sens plus léger, j'ai amélioré ma digestion.
- ☐ J'ai perdu du poids :
  - Indiquez ici votre poids de la fin du programme : .... kg
  - ou vos mensurations :
    - Poitrine : .... cm
    - Taille : .... cm
    - Hanches : .... cm
- ☐ J'ai amélioré mon bilan sanguin (glycémie, cholestérol, triglycérides, tension...).
- ☐ Je n'ai pas été malade.
- ☐ Je suis en meilleure forme physique.
- ☐ Autre : ....

MES OBSERVATIONS PERSONNELLES :

....

....

....

....

LES RÉSOLUTIONS QUE JE SOUHAITE TENIR :

....

....

....

....

Le petit mot de la fin

Bravo d'avoir été jusqu'à la fin ! Que vous décidiez de réduire la viande temporairement ou pour la vie, voici les principaux conseils à retenir de ce programme :

#1 N'oubliez pas les légumineuses!
Une des erreurs les plus fréquentes est de penser qu'on peut se passer des légumineuses. Rappelez-vous de les insérer autant que possible dans vos assiettes, d'autant plus si vous décidez d'arrêter complètement les produits animaux.

#2 Évitez les produits ultra-transformés
Si les substituts à la viande du commerce sont une façon simple et rapide de consommer moins de viande, gardez en tête qu'ils sont ultra-transformés. Limitez leur consommation à une fois par semaine et privilégiez autant que possible le fait maison!

#3 Consommez de saison, et si possible bio
Réduire la viande implique de consommer davantage de végétaux. Afin de profiter au mieux de leurs saveurs, privilégiez ceux de saison – plus savoureux, ils affichent également un impact écologique moindre. Par ailleurs, privilégier le bio permet de profiter des bienfaits nutritionnels des végétaux tout en limitant notre exposition aux OGM, aux résidus de pesticides et aux contaminants chimiques.

#4 Privilégiez la qualité à la quantité
Enfin, si vous décidez de réintroduire la viande à la suite de ce livre, veillez à mieux la choisir en limitant autant que possible les viandes industrielles, de pauvre qualité nutritionnelle.

J'espère de tout cœur que vous vous approprierez au moins certains de mes conseils. Si le programme vous a plu, n'hésitez pas à partager vos résultats sur les réseaux sociaux avec le hashtag #1moispourreduirelaviande et à parler du livre auprès de votre entourage.

Longue vie sans viande à tous!

Nathalie Majcher,
alias «Docteur» Bonne Bouffe

RESTONS EN CONTACT!

Envie de partager votre expérience ou vos commentaires sur le programme avec moi? N'hésitez pas à m'envoyer un message :

- **par email à cette adresse : nathalie@docteurbonnebouffe.com**
- **par Instagram via mon profil : @drbonnebouffe**

Index des recettes

Inprint LA MAISON HACHETTE
58, rue Jean Bleuzen – 92178 Vanves Cedex
www.hachette-pratique.com

Direction Hachette Pratique : Catherine Saunier-Talec
Responsable d'édition : Stéphane Rosa
Responsable de projet : Fanny Ecochard-Martin
Suivi éditorial : Camille Lenglet
Responsable artistique : Cécilia Rehbinder
Création graphique et couverture : Nicole Dassonville
Mise en pages : Nord Compo
Préparation de copie : Anne Chougnet
Relecture : Mélanie Le Guen
Illustration de couverture : Sibylline Meynet
Fabrication : Aude Cauchet
Responsable communication : Johanna Rodrigue
Responsable partenariats : Dana Lichiardopol
(dlichiardopol@hachette-livre.fr)

Dépôt légal : août 2021
29-3626-0/01
ISBN : 978-2-01-628034-8
Achevé d'imprimer en juillet 2021 par Estella Graficas en Espagne.

PAPIER À BASE DE FIBRES CERTIFIÉES

hachette s'engage pour l'environnement en réduisant l'empreinte carbone de ses livres. Celle de cet exemplaire est de :
981 g éq. CO_2
Rendez-vous sur www.hachette-durable.fr